Andrea Erkert · Olena Kvitka

SPIEL- UND LERNIDEEN für Vorschulkinder

Ganzheitlich Grundkompetenzen stärken

Kaufmann

S C H U L E

INHALT

Vorwort **7**
Zum Aufbau des Buches **7**

HURRA, BALD BIN ICH EIN SCHULKIND! 9

Rollenspiel: Was wir bereits können **10**
Fingerspiel: Gut zu wissen, was man kann **10**
Kreisspiel: An der Ampel **11**
Fingerspiel: Sicher zur Schule **13**
Bewegungsspiel: Auf dem Weg zur Schule **14**
Fingerspiel: Wer arbeitet in der Schule? **15**
Bewegungsspiel: Ausgeschlafen und hellwach **16**
Bewegungsgeschichte: Morgens vor der Schule **16**
Wahrnehmungsspiel: Was sich als Schulkind ändert **17**
Fingerspiel: Alle finden das klasse **18**
Wissensspiel: Sich wie ein Schulkind melden **19**
Kommunikationsspiel: Gemischte Gefühle **20**
Kommunikationsspiel: Auf was ich mich freue **20**
Merkspiel: Schultasche packen **21**
Kommunikationsspiel: Meine Einschulung **22**

ICH BIN GUT SO, WIE ICH BIN! 23

Kommunikationsspiel: Ich mag mich so, wie ich bin! **24**
Ratespiel: Fit wie eine Springmaus **24**
Fingerspiel: Ich verstehe dich **25**
Kreisspiel: Schulquatsch **26**
Kommunikationsspiel: Mut machen und Kraft geben **27**
Malspiel: Toll, was du kannst! **28**
Bewegungsspiel: Einfach ausprobieren **28**
Wahrnehmungsspiel: Vertraue deinen Ohren **29**
Kommunikationsspiel: Ein Brief für dich **30**

Fingerspiel: Jedes Kind kann etwas **31**
Kommunikationsspiel: Übung macht den Meister **31**
Kreisspiel: Komplimente tun gut **32**
Tischspiel: Ich kann etwas **32**
Fingerspiel: Wir sind für dich da **33**
Teamspiel: Wir schaffen das zusammen **34**

ICH KNETE MEINEN NAMEN 35

Wahrnehmungsspiel: Den eigenen Namen erkennen **36**
Malspiel: Wir kommen bald in die Schule **37**
Malspiel: Viele neue Freunde **37**
Rollenspiel: Was wir in der Schule machen **38**
Geschicklichkeitsspiel: Wo steht der höchste Schulturm? **38**
Geschicklichkeitsspiel: Ein Stapel voller Buntstifte **39**
Ratespiel: Schlange aus Schulsachen **40**
Wahrnehmungsspiel: Namen kneten **41**
Malspiel: Rate mal! **41**
Malspiel: Luftige Schulkunst **42**
Malspiel: Wer bleibt in deinem Herzen? **42**
Malspiel: Vorfreude künstlerisch darstellen **43**
Wahrnehmungsspiel: Schatzsuche „Schulsachen“ **44**
Wahrnehmungsspiel: Ich bin nicht alleine **45**
Teamspiel: Kunst aus Schulsachen **46**

WAS REIMT SICH AUF SCHULE? 47

Kommunikationsspiel: Der Wecker klingelt **48**
Wahrnehmungsspiel: Wer ist wohl gemeint? **49**
Kommunikationsspiel: Meine Brotdose **49**
Rollenspiel: Im Sportunterricht **50**
Kommunikationsspiel: Auf was du dich freuen kannst **50**
Kommunikationsspiel: Kennst du schon deine Schule? **51**
Kommunikationsspiel: Schultasche einräumen **52**
Fingerspiel: In der Schule **53**
Wahrnehmungsspiel: Spring auf drei! **54**
Kreisspiel: Silbenschritte **55**
Reaktionsspiel: A wie Anspitzer **55**

Wahrnehmungsspiel: Wir gehen in die Schule **56**
Kommunikationsspiel: Einkaufen und reimen **56**
Kommunikationsspiel: Würfeln und reimen **57**
Kommunikationsspiel: Schulgeschichten **58**

ICH, DU UND WIR 59

Wahrnehmungsspiel: Gefühle zeigen **60**
Kartenspiel: Gefühle benennen **60**
Ratespiel: Wisst ihr, wie ich mich fühle? **61**
Gedächtnisspiel: Zuhören und Freude erleben **62**
Wahrnehmungsspiel: Was empfindest du dabei? **62**
Bewegungsspiel: Schultütenstaffel **63**
Fingerspiel: Kein Tag gleicht dem anderen **64**
Musikstoppspiel: Wo sind die Schultüten? **64**
Klanggeschichte: Im gleichen Rhythmus **65**
Reaktionsspiel: Schultüten-Kreistanz **66**
Kommunikationsspiel: Brüllen ist blöd **66**
Bewegungsspiel: Mein und dein Bereich **67**
Reaktionsspiel: 1, 2, 3 und weg! **67**
Musikstoppspiel: Wir schaffen das! **68**

MEINE ZAHLEN- UND FORMENWELT 69

Wahrnehmungsspiel: Wie viele Kinder winken? **70**
Bewegungsspiel: Sechsmal den Ball … **70**
Wahrnehmungsspiel: Auf zehn geht's los! **71**
Bewegungsspiel: Auf, vor oder hinter den Stühlen? **72**
Reaktionsspiel: Wie lautet die Zahl? **72**
Gedächtnisspiel: Nachfolger gesucht **73**
Bewegungsspiel: Eine Menge Tiere **74**
Gedächtnisspiel: Zahlen-Platzwechsel **74**
Bewegungsspiel: Zahlen hüpfen **75**
Fingerspiel: Wir addieren bis zehn **75**
Wahrnehmungsspiel: Kennst du schon die Form? **76**
Reaktionsspiel: Wie viele Kinder sind im Kreis? **76**
Wahrnehmungsspiel: Auf der Suche nach etwas Kleinerem **77**
Wahrnehmungsspiel: Reihen bilden **77**
Wahrnehmungsspiel: Zahlen- und Mengentanz **78**

IM TAKT UND GESUND BLEIBEN 79

Entspannungsspiel: Schule aus 80
Bewegungs- und Ruhespiel: Mein neuer Tagesablauf 80
Reaktionsspiel: Tierschule 81
Ruhiges Bewegungsspiel: Kreative Lösungswege 82
Reaktionsspiel: Auf die Matte, los! 82
Tanzspiel: Schulsachen begutachten 83
Singspiel: Alles, was fröhlich macht 84
Tanzspiel: Schultauschbörse 84
Ratespiel: Wer will fleissige Kinder seh'n … 85
Klanggeschichte: Wer möchte das Orchester leiten? 86
Reaktionsspiel: Zahlen-Trommeltanz 86
Tanz- und Geschicklichkeitsspiel: Alles hört auf mein Kommando! 87
Geschicklichkeitsspiel: Jetzt geht's rundherum 88
Klang- und Gleichgewichtsspiel: Wer taucht am längsten? 89
Ruhe- und Bewegungsspiel: Liebes Schulkind, schläfst du schon? 90

GUT GEWAPPNET FÜR DIE EINSCHULUNG 91

Tipps und Anregungen 91
Die Autorin 96

VORWORT

Das letzte Kindergartenjahr ist für die allermeisten Kinder etwas ganz Besonderes. Sie gehören endlich zu den Großen und freuen sich über speziell für sie stattfindende Aktionen und Lernideen, die sich mit dem Schulanfang befassen. Obwohl der Abschied vom Kindergarten nicht so einfach ist, überwiegt bei vielen Kindern die Vorfreude auf die Schule.

Für einen optimalen Schulstart bieten sich kleine Projekte und Ausflüge für die Großen an, zu denen auch Schulbesuche gehören. Im Gegensatz zu den Schulen arbeiten Kindergärten bei der Schulvorbereitung nach keinem verbindlichen Lehrplan. Dennoch gibt es in jedem Bundesland einen Bildungsplan oder Bildungsempfehlungen für den Elementarbereich, an denen sich die Träger und Kitas orientieren. Die Inhalte der Bildungspläne ähneln sich und beschreiben Kompetenzen, die Kinder für ihr weiteres Leben brauchen. Die Spiele und anderen Angebote in diesem Buch orientieren sich an diesen kognitiven, sprachlichen, motorischen, sozialen, emotionalen und kreativen Kompetenzen. Einen breiten Raum nehmen hierbei mit Blick auf die Klassengemeinschaften die sozialen Kompetenzen ein.

Natürlich ist jedes Kind anders, folgt seinem „eigenen Entwicklungsplan" und macht vielleicht in den einzelnen Bildungsbereichen ganz unterschiedlich schnell Fortschritte. Insgesamt ist es wichtig, dass bei den Ideen neben der ganzheitlichen Förderung der Spielspaß im Vordergrund steht.

ZUM AUFBAU DES BUCHES

Das Buch enthält sieben Kapitel mit Praxisideen, die speziell für die Großen im Kindergarten gedacht sind. Deshalb finden Sie keine Altersangabe bei den einzelnen Ideen. Es werden jedoch, falls erforderlich, Angaben zu den Materialien gemacht. Jedes Kapitel enthält relevante Hinweise für die Praxis, die Aufschluss darüber geben, welche Kompetenzen verstärkt durch die jeweilige Spiel- oder Lernidee gefördert werden.

Die Ideen im ersten Kapitel **„Hurra, bald bin ich ein Schulkind!"** haben den Zweck, die Vorfreude und Neugierde auf die Schule zu wecken. Spielerisch werden hier vor allem Alltagskompetenzen gefördert. Außerdem erleben die Kinder den veränderten Tagesablauf, den die Schule mit sich bringt, sodass sie sich langsam auf den neuen Rhythmus einstellen können.

Das zweite Kapitel **„Ich bin gut so, wie ich bin!"** enthält Praxisideen, die Kinder in ihrer seelischen Entwicklung stärken sollen. So können die Kinder zunehmend ihre eigenen Fähigkeiten entdecken, ihre möglichen Schwächen akzeptieren, sich selbst wertschätzen und ein gesundes Selbstvertrauen entwickeln.

Im dritten Kapitel **„Ich knete meinen Namen"** wird gezeigt, wie Kinder spielerisch ihre Feinmotorik und Wahrnehmung trainieren können. Zudem sind die Praxisideen so aufgebaut, dass die Kinder ihre Kreativität ausleben können. Auf diese Weise üben sie auch, sich ganz bewusst auf eine Sache einzulassen.

Das vierte Kapitel **„Was reimt sich auf Schule?"** liefert auf vielfältige Weise Kommunikationsanlässe, die dem Schulalltag und somit den Interessen von Kindern kurz vor dem Schuleintritt entsprechen. Indem die Kinder reimen oder Wörter in Silben zerlegen, entwickeln sie die phonologische Bewusstheit, die unter anderem das Lesen- und Schreibenlernen erleichtert.

Im fünften Kapitel **„Ich, du und wir"** geht es um die Entwicklung von sozialen Kompetenzen. Dafür bieten sich Gruppenspiele an und Ideen, die sich gezielt mit Gefühlen befassen. Die Kinder machen die Erfahrung, sich durch Niederlagen nicht gleich aus der Bahn werfen zu lassen, und versetzen sich in andere hinein. So trainieren sie ihre emotionale Intelligenz.

Das sechste Kapitel **„Meine Zahlen- und Formenwelt"** widmet sich den mathematischen Grunderfahrungen. Indem die Kinder geometrische Grundformen nach bestimmten Kriterien sortieren oder eine logische Reihe bilden, können sie kognitive Fähigkeiten entwickeln, die sie auch zum Nacherzählen von Geschichten, Auswendiglernen von Liedern und vielem mehr brauchen.

Im siebten Kapitel **„Im Takt und gesund bleiben"** können die Kinder Musik machen, singen, tanzen und sich bewegen. Spielerisch trainieren sie ihre Motorik, den Gleichgewichtssinn und das Rhythmusgefühl. Die Freude an der Bewegung und die Stärkung des allgemeinen Wohlbefindens stehen hier im Vordergrund.

Nicht zuletzt können auch die Familien viel dafür tun, dass ihre Kinder einen unvergesslichen Schulbeginn erleben. Im Anhang finden Sie daher alles Wissenswerte zum **Schulanfang** und Tipps, wie Eltern ihr Kind bei der **Schulvorbereitung** unterstützen können, Ideen für die Füllung der **Schultüte** und Vorschläge für den **Tag der Einschulung**. Diese Hinweise und Ideen können für die Eltern, deren Kinder bald eingeschult werden, sehr hilfreich sein.

KAPITEL 1

HURRA, BALD BIN ICH EIN SCHULKIND!

Alltagskompetenzen üben und sich auf den veränderten Tagesablauf freuen

Vorfreude wecken und Ängste nehmen ist eine zentrale Aufgabe im letzten Kindergartenjahr, um den Kindern den Übergang vom Kindergarten in die Schule zu erleichtern. Spielerisch können sich die Kinder mit den Ideen in diesem Kapitel auf den veränderten Tagesablauf, den Schulweg, das andere Umfeld und die vielen neuen Bezugspersonen vorbereiten.

Im Folgenden wird gezeigt, wie sie relevante Alltagskompetenzen für den Schulalltag entwickeln, sich in ihren neuen Rollen zurechtfinden, die vielfältigen Emotionen, die dabei entstehen, bewältigen und mit den neuen Strukturen bekannt gemacht werden können.

WAS WIR BEREITS KÖNNEN

ROLLENSPIEL

Die Kinder sitzen zusammen im Stuhlkreis und überlegen, was sie bereits können und was auch hilfreich für die Schule ist. Mögliche Antworten können zum Beispiel sein:

- (Turn-)Schuhe anziehen
- Tisch decken
- bis zehn zählen

Wurden genügend Ideen zusammengetragen, beginnt das Spiel. Nun können die Kinder, die wollen, pantomimisch eine Alltagskompetenz darstellen und die anderen Kinder müssen sie erraten. Ein beliebiges Kind darf in die Kreismitte treten. Es kann zum Beispiel so tun, als ob es seine Schuhe aus- und dafür seine Turnschuhe anzieht. Wer weiß, was das Kind bereits kann, was auch in der Schule wichtig sein wird?
In dieser Art führen die Kinder noch ein paar Spielrunden mit jeweils einem anderen Kind in der Kreismitte durch. Dabei wird den Kindern jedes Mal eindrucksvoll vor Augen geführt, was sie mit Blick auf die Schule bereits können.

HINWEIS Sollte jedoch etwas benannt oder dargestellt werden, zum Beispiel Buchstaben schreiben, was man nicht unbedingt vor dem Schuleintritt können muss, dann sollten Sie den Kindern erklären, weshalb das noch nicht zwingend notwendig ist. Auf diese Weise nehmen Sie den Kindern gewisse Ängste und Sorgen, die gerade auch im Hinblick auf die Schule entstehen können.

GUT ZU WISSEN, WAS MAN KANN

FINGERSPIEL

Die Kinder sitzen zusammen im Stuhlkreis und machen gemeinsam mit Ihnen folgendes Fingerspiel:

Der Erste sagt: „Ich kann schon ganz viele tolle Sachen!"
Den linken Daumen kurz ausstrecken

Der Zweite sagt: „Was kannst du schon alleine machen?"
Den rechten Daumen kurz ausstrecken

Der Erste sagt: „Komme ich in die Schule, kann ich bereits …"

Den linken Daumen ausstrecken

Die Kinder können nun sagen, was sie schon können. Mögliche Antworten können sein: Jacke an- und ausziehen, Sachen ausschneiden, Bilder ausmalen, bis zehn zählen oder sogar Seilspringen.
Im Anschluss daran folgt der Vers, den Sie alle gemeinsam sprechen können:

„Gut zu wissen, was man schon kann.
Voller Freude fängt so die Schule an!"

AN DER AMPEL

KREISSPIEL

Dazu brauchen Sie **ein rotes rundes Faltpapier und für jedes Kind ein grünes rundes Faltpapier**

Welches Kind kennt bereits seinen Schulweg und weiß, wie man sich an der Ampel verhält? Möchten diejenigen Kinder das der Reihe nach erzählen? Im Anschluss daran sollten Sie den Kindern bewusst machen, dass manchmal auch ein kleiner Umweg zur Schule notwendig sein kann, um möglichst sicher eine Fahrbahn zu überqueren. Mithilfe der folgenden Praxisidee üben sie noch einmal gemeinsam das Ampel-Überqueren.

Zu Beginn legen Sie jedem Kind ein grünes rundes Faltpapier direkt vor die Füße auf den Boden. Danach holen Sie sich ein rotes rundes Faltpapier, das Sie einem beliebigen Kind überreichen. Während nun die Kinder den folgenden Spruch laut vorsprechen, wandert das rote Faltpapier von Hand zu Hand im Uhrzeigersinn herum:

„Bei Rot bleibe ich stehen.
Bei Grün darf ich gehen!"

Das Kind, das am Schluss das rote Faltpapier in den Händen hält, tauscht es gegen sein grünes Papier und steht auf. Es hebt nun das grüne Papier für alle gut sichtbar in die Luft und ruft ein anderes Kind namentlich auf. Zusammen gucken sie erst nach links, dann nach rechts und wieder nach links. Ist die „Fahrbahn" frei, legt das Kind das grüne runde Faltblatt vor seinen Stuhl neben das rote Blatt und wechselt mit dem ausgewählten Kind seinen Platz.
Danach startet eine neue Spielrunde bei dem Kind, das den Platz gewechselt hat und nun das rote runde Papier vor sich liegen hat. Es nimmt das rote Faltpapier an sich und wartet ab, bis alle wieder den Spruch aufsagen.
Auf diese Weise kann das „Ampelspiel" noch ein paarmal wiederholt werden.

SICHER ZUR SCHULE

FINGERSPIEL

Im Sitzkreis können die Kinder dieses Fingerspiel gemeinsam durchführen.

„Mein Schulweg muss sicher für mich sein.
Ich gehe zur Schule manchmal auch allein.

Daumen hochhalten

An der roten Ampel bleibe ich stehen.
Erst bei Grün darf ich endlich weitergehen.

Erst nach links, dann rechts und wieder nach links schauen
Den Zeige- und Mittelfinger als „Männchen" auf dem Oberschenkel bewegen

Geradeaus geht's für mich dann weiter.
Ein kleiner Umweg ist manchmal gescheiter.

Mit Zeige- und Mittelfinger zusammen einen Kreis in die Luft malen

Am Zebrastreifen bleibe ich dann stehen.
Ist die Fahrbahn frei, kann ich zur Schule gehen."

Erst nach links, dann nach rechts und wieder nach links schauen
Danach den Zeige- und Mittelfinger auf dem Oberschenkel bewegen

Im Anschluss daran können die Kinder der Reihe nach erzählen, ob sie bereits wissen, wie sie in die Schule kommen (mit dem Bus, mit den Eltern oder zu Fuß). Dabei können die Kinder sich auch gegenseitig berichten, was sie auf ihrem Schulweg alles beachten müssen. So sollten sie beispielsweise nicht auf der Fahrerseite ins Auto einsteigen, im Schulbus während der Fahrt aufstehen oder, falls sie zu Fuß in die Schule kommen, nicht bei Rot über die Fahrbahn gehen.

AUF DEM WEG ZUR SCHULE

BEWEGUNGSSPIEL

Dazu brauchen Sie **eine Handtrommel**

Die Kinder bilden einen Kreis und überlegen, weshalb sie sich auf dem Schulweg nicht durch andere Dinge wie das Telefonieren mit dem Handy, das Musikhören mit Kopfhörern oder das Spielen mit einem Ball ablenken sollten. Überlegen Sie gemeinsam, wie gefährlich der Straßenverkehr – vor allem für Fußgänger – sein kann, wenn man nicht aufpasst.
Wollen die Kinder ihre Aufmerksamkeit und ihr Reaktionsvermögen testen? Dann bietet sich folgendes Bewegungsspiel an:

Die Kinder laufen gemeinsam mit Ihnen kreuz und quer auf einem überschaubaren Spielfeld herum. Sie oder eines der Kinder spielen nach einer kurzen Weile die Trommel kräftig an. Jetzt müssen alle stehen bleiben. Wer kann außerdem in die Richtung zeigen, aus der das Geräusch kam, ohne den Kopf zu drehen?
Danach fängt das Ganze von vorne an. Jetzt kann ein anderes Kind Trommler sein. Dabei kann der Trommelschlag auch mal ganz sanft und leise erfolgen, sodass die Kinder noch aufmerksamer sein müssen.
In dieser Weise finden noch ein paar Durchgänge statt, bei denen die Kinder ihre auditive Wahrnehmung und Reaktionsfähigkeit trainieren.

WER ARBEITET IN DER SCHULE?

FINGERSPIEL

Die Kinder führen im Stuhlkreis das folgende Fingerspiel durch:

„In der Schule arbeiten so viele Leute.
Da macht das Lernen eine riesige Freude!

Alle fünf Finger in der Luft zappeln lassen

Die Schulleiterin leitet die Schule gern,
ihr Sekretär ist auch nicht fern.

Erst den Daumen und dann den Zeigefinger herzeigen

Mit den Lehrern lernen wir rechnen, schreiben und vieles mehr.
Miteinander lernen und dabei Spaß haben gefällt uns sehr!

Dazu Mittelfinger ausstrecken

Der Hausmeister ist auch für uns da,
der Hausmeister repariert viel. Hurra!

Nun auch noch den Ringfinger strecken

Die Reinigungskräfte machen alles sauber und fein.

Nun den kleinen Finger ausstrecken

Und du kannst dich darüber freuen, bald ein Schulkind zu sein."

Daumen hochheben

Im Anschluss daran können Sie die Kinder fragen,
ob sie noch wissen, wer alles die Schule am Laufen hält
und für die Kinder jederzeit da ist.

AUSGESCHLAFEN UND HELLWACH

BEWEGUNGSSPIEL

Dazu brauchen Sie **eine Glocke, Tanzmusik, vier Markierungskegel**

Alle Kinder verteilen sich auf einem übersichtlichen Spielfeld, das Sie mithilfe von vier Markierungskegeln abgesteckt haben.
Die Kinder legen sich auf den Boden und tun so, als ob sie schlafen würden. Sobald jedoch die Glocke läutet und die Musik zu spielen beginnt, öffnen alle ihre Augen, recken und strecken sich ausgiebig. Die Kinder stehen auf und schon geht's zur Schule.
Zum Rhythmus der Musik laufen und tanzen die Kinder auf dem Spielfeld herum, und zwar ohne zu drängeln und zu schubsen.
Das geht jedoch nur so lange, bis die Musik stoppt. Daraufhin bleiben alle Kinder vor dem imaginären Bordstein stehen. Miteinander überqueren die Kinder ausgehend von ihrem Standort ihre Fahrbahn, indem sie erst nach links, dann nach rechts und wieder nach links schauen. Ist die Fahrbahn frei und haben sie sie überquert, setzt die Musik wieder ein und eine neue Runde beginnt. Nach ein paar Durchgängen sollten Sie den Kindern bewusst machen, dass sie ihren Schulweg stets ausgeschlafen und hellwach antreten sollten.

MORGENS VOR DER SCHULE

BEWEGUNGSGESCHICHTE

Dazu brauchen Sie **eine Glocke**

Sie und die Kinder machen zum Text, den Sie vorlesen, die folgenden Bewegungen:

„Am Abend vor dem Schlafen stellst du den Wecker ein.
Klingelt er am Morgen, wirst du ausgeruht und wach sein.

So tun, als ob man einen Wecker stellen und dann schlafen würde. Sobald Sie jedoch mit der Glocke klingeln, öffnen alle ihre Augen, recken und strecken sich ausgiebig.

Steh auf und nimm auch ein leckeres Frühstück ein.
So wirst du in der Schule fit, munter und aufnahmefähig sein.

Aufstehen und so tun, als ob man essen würde

Putze deine Zähne und ziehe dich für die Schule an.
So fängt der neue Tag für dich besonders gut an.

So tun, als ob man die Zähne putzen und sich anziehen würde

Nimm dir Obst, Gemüse und Brot in die Schule mit.
So bleibst du gesund, fröhlich und topfit.

So tun, als ob man Obst, Gemüse und Brot in die Brotdose legen würde

Tritt deinen Schulweg ruhig, entspannt und munter an.
Klingelt es in der Schule dann, fängt der Unterricht an."

Auf dem Spielfeld so lange herumgehen, bis Sie abermals mit der Glocke klingeln. Die Kinder haben das Schulhaus erreicht. Es klingelt – der Unterricht beginnt!

Im Anschluss daran bilden die Kinder einen Kreis und setzen sich im Schneidersitz auf den Boden. Wer kann noch einmal erzählen, was man alles zu tun hat, bevor man in die Schule geht?

WAS SICH ALS SCHULKIND ÄNDERT

WAHRNEHMUNGSSPIEL

Dazu brauchen Sie ein blickdichtes großes Tuch, einen Wecker, einen Stundenplan, eine Sammelmappe oder Schulpostmappe und eine Brotdose

Auf dem Boden oder dem Tisch verteilen Sie die genannten Gegenstände. Die Kinder setzen sich um die Sachen herum und benennen sie mit oder ohne Ihre Hilfe. Danach verdecken Sie die Gegenstände mit einem blickdichten Tuch und fragen, wer darunter greifen möchte. Weiß das von Ihnen ausgewählte Kind, wie der Gegenstand heißt, den es gerade in den Händen hält? Zur Kontrolle holt es den Gegenstand, zum Beispiel einen Wecker, hervor. Fragen Sie nun die Kinder, wozu der Wecker im Hinblick auf die Schule gebraucht wird. Sobald die Kinder wissen, dass sie den Wecker abends stellen müssen, damit sie morgens nicht verschlafen und somit stets rechtzeitig in der Schule sind, kann ein anderes Kind unter dem Tuch einen weiteren Gegenstand, zum Beispiel den Stundenplan, abtasten. Das Kind gibt seine Vermutung preis und holt dann den Gegenstand hervor. Wer weiß, wozu ein Stundenplan in der Schule gebraucht wird? Mögliche Antworten können sein: Damit man weiß, wann die Schule anfängt und aufhört und was man in seine Schultasche packen und vielleicht auch zu Hause lassen kann.
Auf diese Weise geht's immer weiter, bis alle Gegenstände offen daliegen.

Weitere Beispiele

- Sammel- oder Schulpostmappe: Damit keine Zettel mehr verloren gehen. So werden auch die Elternbriefe transportiert.
- Brotdose: Für die Pause, damit man auch etwas zum Essen in der Schule hat, fit und gut gelaunt bleibt.

ALLE FINDEN DAS KLASSE

FINGERSPIEL

Die Kinder befinden sich im Stuhlkreis und machen mit Ihnen gemeinsam das folgende Fingerspiel, bei dem sie auf verspielte Weise ein Verständnis dafür entwickeln, was für ein gutes Miteinander in der Kindergruppe und später auch für eine gute Klassengemeinschaft sowie das gemeinsame Lernen relevant ist.

„Pünktlich sein finden Groß und Klein klasse.
Pünktlich startet der Unterricht in der Klasse.

Auf die imaginäre Armbanduhr am Handgelenk deuten

Zuhören finden Groß und Klein klasse.
Ruhig verläuft der Unterricht in der Klasse.

Eine Hand ans Ohr halten

Helfen finden Groß und Klein klasse.
Mitmachen können so alle in der Klasse.

Sich gegenseitig eine Hand entgegenstrecken

Zusammenhalt finden Groß und Klein klasse.
So fühlen sich alle wohl in der Klasse."

Sich gegenseitig die Hände geben bzw. einen geschlossenen Kreis bilden

HINWEIS Geübtere Kinder können stets bei „Groß und Klein" sich recken und strecken und schließlich kurz in die Hocke gehen.

SICH WIE EIN SCHULKIND MELDEN

WISSENSSPIEL

Dazu brauchen Sie **ein paar Gegenstände passend zur Schule, zum Beispiel ein Federmäppchen, ein Schreibheft, ein Lesebuch, eine Brotdose und eine Trinkflasche**

Die Kinder sitzen zusammen an einem Tisch. Erklären Sie den Kindern, dass man sich in der Schule per Handzeichen meldet, wenn man etwas sagen oder fragen möchte.
Legen Sie nun einen der oben genannten Gegenstände, zum Beispiel ein Rechenheft, auf den Tisch. Wer weiß, was das ist und wozu der Gegenstand in der Schule gebraucht wird? Diejenigen Kinder, die etwas dazu sagen möchten, melden sich per Handzeichen. Wer jedoch einfach eine Antwort ohne Handzeichen gibt, muss ein Pfand abgeben, zum Beispiel ein Halstuch oder eine Armbanduhr.
Im Anschluss daran tauschen Sie den Gegenstand gegen einen anderen aus, sodass eine neue Frage-Antwort-Runde starten kann, bei der sich die Kinder wieder per Handzeichen melden.
Erst wenn alle Gegenstände der Reihe nach so präsentiert wurden, können die Kinder wieder ihre abgegebenen Gegenstände einlösen, indem sie eine kleine Aufgabe erfüllen, zum Beispiel bis zehn zählen.

GEMISCHTE GEFÜHLE

KOMMUNIKATIONSSPIEL

Dazu brauchen Sie eine große Handspielpuppe

Während die Kinder einen Stuhlkreis bilden, holen Sie sich eine (große) Handspielpuppe, mit der Sie sich zwischen zwei Kinder in die Runde setzen.
Fangen Sie nun einen Dialog mit der Handspielpuppe an, indem Sie sie begrüßen und einfach nachfragen, ob sie sich auf die Einschulung freut. Die Handspielpuppe teilt Ihnen einerseits ihre Freude und andererseits ihre Befürchtungen im Hinblick auf den Schulanfang mit, indem sie zum Beispiel sagt: „Werde ich in der Schule neue Freunde finden? Werde ich mich in der Schule wohlfühlen? Kann ich während des Unterrichts auch auf die Toilette? Und was mache ich, wenn ich etwas nicht so gut kann?"
Fragen Sie die Kinder, wie es ihnen in Bezug auf den Schulanfang geht. Vielleicht können die Kinder sich noch an die Eingewöhnungsphase im Kindergarten erinnern, die bei ihnen bestimmt auch viele Emotionen ausgelöst hat.
Die betreffenden Kinder können der Handspielpuppe/Ihnen zum Beispiel erzählen, wie sie trotzdem neue Freunde im Kindergarten gefunden, gemeinsam gespielt und dabei auch bestimmte Dinge gemacht und erlebt haben. Zudem kann auch die Handspielpuppe ihre Erfahrungen den Kindern berichten.
Im Anschluss daran führen Sie den Dialog mit der „Handspielpuppe" fort, indem Sie dieser erklären, dass man genauso wie im Kindergarten in der Schule miteinander Spaß haben, voneinander und miteinander lernen kann.

AUF WAS ICH MICH FREUE

KOMMUNIKATIONSSPIEL

Dazu brauchen Sie eine Schultüte

Die Kinder bilden mit Stühlen einen Stuhlkreis, nehmen aber noch nicht Platz, sondern bleiben vor ihren Stühlen stehen.
Eines der Kinder holt sich die Schultüte und teilt den anderen mit, auf was es sich mit Blick auf die bevorstehende Einschulung ganz besonders freut. Das können zum Beispiel neue Freunde, das Spielen auf dem Pausenhof, das Rechnen, Schreiben oder Lesen sein. Konnte das Kind eine Antwort geben, geht es auf

ein anderes zu, um diesem die Schultüte zu übergeben. Während nun das erste Kind sich auf den Stuhl setzt, darf das zweite Kind der Gruppe mitteilen, auf was es sich freut. Danach geht es auf ein weiteres Kind zu, das vor seinem Stuhl steht. Es überreicht ihm die Schultüte und setzt sich dann auf dessen Stuhl.
Auf diese Weise geht's immer weiter, bis alle Kinder zusammen im Stuhlkreis sitzen und sich zu diesem Thema äußern konnten.

SCHULTASCHE PACKEN

MERKSPIEL

Dazu brauchen Sie eine Schultasche

Die Kinder befinden sich im Stuhlkreis und warten ab, bis Sie einem Kind aus der Gruppe die Schultasche übergeben.
Das betreffende Kind fängt das Spiel an, das so ähnlich wie das altbekannte Spiel „Ich packe meinen Koffer" verläuft. Es beginnt nun beispielsweise mit dem Satz: „Ich packe in meine Schultasche … eine Brotdose."
Das Kind links neben ihm im Sitzkreis wiederholt den Satz und fügt etwas Neues hinzu, zum Beispiel: „Ich packe in meine Schultasche eine Brotdose und ein Lesebuch!"
Das nächste Kind, das direkt neben dem zweiten Kind sitzt, ist nun an der Reihe. Es wiederholt das Gesagte und ergänzt den Satz, indem es zum Beispiel sagt: „Ich packe in meine Schultasche eine Brotdose, ein Lesebuch und ein Federmäppchen!"
Das Spiel geht so immer weiter. Jedes Kind wiederholt die zuvor benannten Gegenstände, bevor es etwas Neues hinzufügt. Dabei passen alle übrigen Kinder gut auf, ob die Gegenstände in der richtigen Reihenfolge benannt wurden oder nicht. Wenn ein Kind nicht mehr weiterweiß oder etwas vertauscht, können die anderen Kinder helfen.

MEINE EINSCHULUNG

KOMMUNIKATIONSSPIEL

Dazu brauchen Sie eine Schultüte

Die Kinder, die zusammen im Stuhlkreis sitzen, überlegen, wie sie sich ihre Einschulung vorstellen. Vielleicht wissen sie schon, wen sie alles dazu einladen möchten, wie die Zeremonie in der Schule ablaufen soll und was sie danach im privaten Bereich gerne noch machen möchten. Vielleicht wünschen sie sich ein festlich geschmücktes Kinderzimmer oder ein paar tolle Spiele im Wald oder auf der Wiese mit der Familie, um diesen Tag unvergesslich zu machen. Es muss nichts Spektakuläres sein. Es kann auch einfach der Wunsch sein, die Schultüte endlich zu Hause zu öffnen, um sich an dem Inhalt zu erfreuen.
Ein Kind erhält von Ihnen die Schultüte und fängt an zu erzählen. Danach übergibt es die Schultüte dem nächsten Kind im Kreis. Das betreffende Kind hat nun das Wort und darf ebenfalls kurz berichten, wie seine Einschulung nach Möglichkeit ablaufen sollte.
Die Kinder äußern sich der Reihe nach und geben somit den anderen einen kleinen Einblick in ihre Gedankenwelt. Indem die Kinder über ihre Wünsche mit Blick auf ihre Einschulung sprechen, werden sie bestimmt auch viele Gemeinsamkeiten entdecken, die sie miteinander verbinden.
Machen Sie den Kindern bewusst, dass die Einschulung jedes Kindes etwas Besonderes ist und die große Feier für alle vor allem in der Schule stattfindet.

KAPITEL 2

ICH BIN GUT SO, WIE ICH BIN!

Die Selbstwahrnehmung und das Selbstbewusstsein stärken

Jedes Kind ist anders und einzigartig und entwickelt sich in seinem individuellen Tempo. Stärken stärken und Mut zusprechen sind die Ziele für die Weiterentwicklung der Kinder und somit auch in Bezug auf den bevorstehenden Schulanfang.
Die folgenden Praxisideen tragen unter anderem dazu bei, dass Kinder über ihre Gefühle sprechen, ihre eigenen Stärken erkennen und ihre Schwächen akzeptieren lernen. Denn je selbstbewusster ein Kind ist, desto leichter wird es auch mit der neuen Situation in der Schule zurechtkommen. Auf diese Weise wird es nicht sofort an sich zweifeln, falls etwas nicht auf Anhieb klappen sollte.

ICH MAG MICH SO, WIE ICH BIN!

KOMMUNIKATIONSSPIEL

Dazu brauchen Sie einen Softball

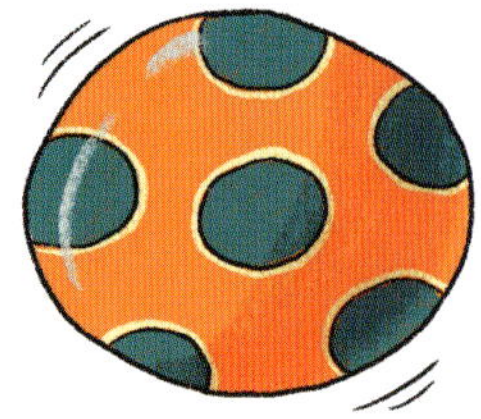

Während Sie sich einen Softball holen, bilden die Kinder einen Kreis direkt vor ihren Stühlen. Auf Ihre Bitte hin machen sie sich Gedanken in Bezug auf ihr Können. Was zeichnet sie aus? Was machen sie gern oder können sie gut? Und worauf freuen sie sich schon? Das können sie beim folgenden Spiel äußern. Für jeden Satz, den die Kinder sagen, wählen sie die Ich-Form. Ein Kind erhält nun von Ihnen den Ball und fängt an, indem es zum Beispiel sagt:

„Ich bin klug und fröhlich! Und du?"

Daraufhin blinzelt es einem anderen Kind zu, dem es dann den Ball zuwirft. Während nun das erste Kind sich in den Stuhlkreis setzt, fängt das ausgewählte Kind den Ball und sagt zum Beispiel:

„Ich freue mich auf die Schule. Und du?"

Das Kind blinzelt einem stehenden Kind zu und wirft ihm den Ball zu. Dieses Kind bildet nun einen weiteren positiven Satz über sich selbst, zum Beispiel:

„Ich bin mutig und schaffe viel!"

Auf diese Weise geht's immer weiter, bis alle Kinder zusammen im Stuhlkreis sitzen.

FIT WIE EINE SPRINGMAUS

RATESPIEL

Die Kinder bilden einen Kreis. Jedes Kind überlegt sich ein schnelles Tier. Das kann zum Beispiel ein Frosch, ein Känguru oder ein Hase sein.
Danach fängt ein Kind an und macht ein Tier vor, das alle übrigen Kinder sofort nachahmen. Sobald ein Kind die Antwort weiß, gibt es seine Vermutung preis. Wenn es stimmt, darf das Kind, das das Tier erraten hat, ein neues Tier, zum Beispiel eine Springmaus, vormachen. Alle machen wieder so lange mit, bis sie das gesuchte Tier erraten haben.
Das Spiel ist beendet, sobald alle Kinder ein Tier vormachen konnten.

Im Anschluss daran können Sie den Kindern bewusst machen, dass man durch ausreichend Bewegung nicht nur fit, fröhlich und wach, sondern auch selbstbewusst und stark werden kann. An dieser Stelle können Sie den Kindern erzählen, dass es auch Sportunterricht in der Schule gibt, der in der Sporthalle und bei schönem Wetter sogar draußen auf dem Sportplatz stattfindet.

ICH VERSTEHE DICH

FINGERSPIEL

Die Kinder sitzen im Stuhlkreis beisammen und machen folgendes Fingerspiel:

Der Erste sagt: „Ich habe manchmal Angst zu versagen.
Das Gefühl liegt mir wie ein Stein im Magen."

Den Daumen der linken Hand ausstrecken

Der Zweite sagt: „Kannst du vielleicht mehr dazu sagen?
Du kannst mich gerne um Rat fragen."

Den Daumen der rechten Hand ausstrecken

Der Erste sagt: „Zum Beispiel das Klettern auf einen Baum.
Das zu können, wäre für mich ein Traum!"

Den linken Daumen kurz bewegen

Der Zweite sagt: „Verstehen kann ich dich wirklich gut.
Etwas zugeben, dazu gehört auch Mut.
Lass es uns zusammen machen
oder einfach ein paar andere Sachen."

Den rechten Daumen kurz bewegen

Das gefiel dem Ersten und machte ihm Mut.
Selbstbewusst etwas sagen, ist einfach gut.

Beide Daumen hochhalten

SCHULQUATSCH

KREISSPIEL

Dazu brauchen Sie **einen Schulranzen**

Miteinander Quatsch machen entspannt und kann wie bei dem folgenden Kreisspiel vieles leichter erscheinen lassen.

Die Kinder nehmen dazu im Sitzkreis auf dem Boden Platz. Ein beliebiges Kind bekommt von Ihnen einen Schulranzen. Es kann nun den Schulranzen direkt vor sich platzieren und sein Kinn darauf stützen. Dabei kann es seine lustigste Grimasse vorführen, sodass sich die übrigen Kinder das Lachen nicht mehr verkneifen können. Danach übergibt es den Schulranzen dem nächsten Kind im Kreis. Das betreffende Kind kann sich nun zum Beispiel auf den Schulranzen setzen und dabei so tun, als ob es das Gleichgewicht verlieren würden. Dabei kann es mit dem Po in Richtung Boden rutschen, wobei das Gelächter wieder groß sein dürfte.

Auf diese Weise wandert nun der Schulranzen von Kind zu Kind. Indem die einzelnen Kinder auch kleine Missgeschicke zum Besten geben, lernen sie, dass Fehler nicht nur ihnen, sondern auch anderen passieren können.

MUT MACHEN UND KRAFT GEBEN

KOMMUNIKATIONSSPIEL

Die Kinder bilden einen Kreis. Miteinander überlegen sie, wie sie auch durch Mimik und Gestik jemand anderem Mut machen und Kraft geben können.
Wissen die Kinder Bescheid, dann beginnt ein Kind und geht auf ein Kind seiner Wahl zu. Es bleibt vor ihm stehen und sagt zum Beispiel:

„Du schaffst alles, wenn du es möchtest!"

Dabei kann es mit beiden Händen die Schultern des Kindes festhalten und ihm dabei tief in die Augen blicken. Danach tauschen beide Kinder ihre Plätze. Das Kind, das nun im Innenkreis steht, geht auf ein anderes zu. Es bleibt ebenfalls vor dem ausgewählten Kind stehen und sagt nun zum Beispiel laut:

„Du bist klug und fit für die Schule!"

Dabei kann es das Kind umarmen und währenddessen sanft mit den Händen auf den Rücken patschen. Kurz darauf tauschen beide Kinder ihre Plätze.
Das Spiel geht so immer weiter, bis alle Kinder zu Wort gekommen sind und somit auch ihre Plätze tauschen konnten.

Weitere Beispiele
Jemand anderen …

- umarmen,
- auf die Schulter klopfen,
- falls angenehm: über die Wangen streicheln.

TOLL, WAS DU KANNST!

MALSPIEL

Dazu brauchen Sie für jedes Kind ein weißes DIN-A2-Papier und Wachsmalstifte

Die Kinder sitzen gemeinsam am Tisch mit ihren Malutensilien. Jedes Kind darf etwas malen, das es besonders gut beherrscht. Das kann zum Beispiel ein Ballspiel sein oder das Backen eines Sandkuchens im Sandkasten.
Die fertigen Kunstwerke stellen die Kinder der Reihe nach vor. Dabei wird das Kind, das gerade an der Reihe ist, von den anderen für die Dinge, die es kann, gelobt. Außerdem können sie sagen, was ihrer Meinung nach auch künstlerisch super zum Ausdruck gebracht wurde.

EINFACH AUSPROBIEREN

BEWEGUNGSSPIEL

Die Kinder stehen zusammen im Kreis. Ein Kind fängt an und macht eine Figur vor, zum Beispiel springt es ein paarmal wie ein Hampelmann. Danach bleibt das Kind stehen und sagt:

„Könnt ihr das auch?
Einfach ausprobieren!"

Diejenigen Kinder, die mitmachen wollen, springen nun so lange wie ein Hampelmann, bis das Kind „Stopp!" ruft. Es wählt ein anderes Kind aus, das seiner Meinung nach besonders gut die Aufgabe erfüllt hat. Das betreffende Kind macht dann etwas Neues vor, beispielsweise auf einem Bein hüpfen.
Auf diese Weise finden noch ein paar Spielrunden statt. Ziel ist es, dass die Kinder erkennen, dass sie vielleicht noch nicht alles können, jedoch schon vieles gut beherrschen. Machen Sie den Kindern bewusst, dass sie niemals aufgeben sollten, um ein Ziel zu erreichen, weil man alles noch lernen kann.

VERTRAUE DEINEN OHREN

WAHRNEHMUNGSSPIEL

Dazu brauchen Sie eine Handtrommel oder ein anderes Musikinstrument

Die Hälfte der Gruppe bildet einen Stuhlkreis und stellt sich hinter ihren Stühlen auf. Alle übrigen Kinder verteilen sich im Innenkreis und schließen ihre Augen.
Ein Kind im Außenkreis erhält von Ihnen eine Handtrommel, eine Rassel oder ein anderes Instrument und benennt namentlich ein beliebiges Kind, das sich im Innenkreis befindet.
Während nun das Kind trommelt, rasselt oder andere Geräusche macht, soll das Kind im Innenkreis die Geräuschquelle lokalisieren und auf das Kind mit dem Instrument zugehen.
Dabei können alle Kinder, die zusammen im Kreis stehen, ihre Augen öffnen, um dem Kind gegebenenfalls ausweichen zu können.
Je näher das Kind mit geschlossenen Augen dem Geräusch kommt, desto lauter trommelt oder rasselt das musizierende Kind. Dabei können auch die anderen Kinder genauso laut klatschen. Sollte jedoch das Kind in eine andere Richtung gehen, werden die Trommel/Rassel und das Klatschen leiser.
Hat das Kind sein Ziel erreicht, öffnet es die Augen und setzt sich vor das Kind mit der Trommel/Rassel. Das Kind im Außenkreis übergibt nun einem anderen Kind das Instrument beziehungsweise das nächste Kind kann auch mit einem anderen Instrument Geräusche machen.
Eine neue Spielrunde beginnt, sobald alle übrigen Kinder im Innenkreis die Augen geschlossen haben.
Auf diese Weise wird weitergespielt, bis vor jedem Kind im Außenkreis ein Partnerkind sitzt.

EIN BRIEF FÜR DICH

KOMMUNIKATIONSSPIEL

Dazu brauchen Sie für jedes Kind ein weißes DIN-A4-Papier und einen Stift

Alle Kinder setzen sich um einen Tisch herum. Lenken Sie nun die Aufmerksamkeit auf ein beliebiges Kind, für das Sie gemeinsam mit den anderen Kindern einen Brief schreiben werden. Beginnen Sie den Brief, indem Sie zum Beispiel Folgendes notieren:

„Liebe(r) …,

das alles sagen die Kinder über dich:
….

Deine Kindergartengruppe“

Im Uhrzeigersinn sagen nun alle etwas Positives über das Kind, das Sie dann aufschreiben. Vor jeden Satz schreiben Sie auch den Namen des Kindes, das für den Inhalt verantwortlich ist.

Beispiele
Tim: „Ich finde an dir gut, dass du so hilfsbereit bist!“
Ali: „Du kannst jetzt viel besser einen Purzelbaum machen!“
Nele: „Du streitest nicht mehr so viel mit mir!“

Auf diese Weise erhalten alle Kinder der Reihe nach einen Brief, dessen Inhalt viel mehr als ein dickes Lob ist. Lesen Sie den Kindern ihre Briefe noch einmal der Reihe nach vor und weisen Sie auch die Eltern darauf hin. So können die Kinder sich später zu Hause die schönen Worte noch einmal anhören.

JEDES KIND KANN ETWAS

FINGERSPIEL

Die Kinder führen im Stuhlkreis das folgende Fingerspiel durch:

„Jedes Kind kann etwas, das ist doch klar.
Jedes Kind kann etwas, das ist doch wahr.

Daumen hochheben

Peter kann gut springen.
Lisa kann gut singen.

Erst den Daumen und dann den Zeigefinger ausstrecken

Ali kann gut mit Zahlen.
Jenny kann gut malen.

Mittel- und dann Ringfinger ausstrecken

Jedes Kind kann etwas, das ist doch klar.
Jedes Kind kann etwas, das ist doch wahr."

Daumen hochheben

Am Schluss können die Kinder der Reihe nach erzählen, was sie besonders gut können.

ÜBUNG MACHT DEN MEISTER

KOMMUNIKATIONSSPIEL

Alle Kinder sitzen zusammen im Kreis. Benennen Sie etwas, das vielleicht noch nicht alle Kinder beherrschen. Das kann zum Beispiel sein: den eigenen Namen schreiben, Schuhe binden oder sogar zuhören. Diejenigen Kinder, die glauben, dass sie das, was sie benannt haben, gut beherrschen, heben den Daumen hoch und sagen dann zu den restlichen Kindern Folgendes im Chor:

„Du kannst/ihr könnt es mit etwas Übung schaffen.
Wir drücken dir/euch ganz fest die Daumen."

Auf diese Weise finden noch ein paar Spielrunden statt, bei denen den Kindern bewusst gemacht wird, dass niemand alles kann und manches vielleicht noch etwas Übung braucht. Verdeutlichen Sie den Kindern, dass das absolut in Ordnung ist.

KOMPLIMENTE TUN GUT

KREISSPIEL

Alle Kinder stehen zusammen im Kreis. Ein Kind beginnt und stellt sich in die Kreismitte. Es wendet sich einem Kind zu, begrüßt es namentlich und macht ihm ein Kompliment. Dabei kann es zum Beispiel sagen:

„Ich bin froh, dass ich dich als Freund habe!"

Das betreffende Kind bedankt sich für das schöne Kompliment und tauscht mit ihm den Platz. Das neue Kind in der Kreismitte sucht sich dann ein weiteres Kind aus, begrüßt es und macht auch ihm ein Kompliment. Auf diese Weise geht es immer weiter, bis alle im Kreis einmal die Position gewechselt haben.

Weitere Beispiele
„Ich finde, dass du ein nettes Kind bist!"
„Ich mag dich, weil du mit mir so toll spielst!"
„Ich finde es klasse, dass du schon Seilspringen kannst!"

VARIANTE

Alternativ können die Kinder auch frei im Raum herumlaufen, vor einem Kind der Wahl stoppen und ein Kompliment machen.

ICH KANN ETWAS

TISCHSPIEL

Dazu brauchen Sie **ein Glockenspiel, ein paar Kärtchen, eine Handtrommel, weitere Gegenstände nach Wahl**

Die Kinder sitzen um einen Tisch herum, auf dem Sie die genannten Gegenstände platzieren. Aufgabe der Kinder ist es nun, sich mit einer der bereitgelegten Sachen etwas zu überlegen, das sie bereits können.

Sie können zum Beispiel einfach über das Glockenspiel streichen, um eine auf- und absteigende Tonfolge zu produzieren, oder gar ein tolles Kartenhaus bauen.

Fällt den Kindern nichts ein? Dann können Sie auch ein paar Möglichkeiten vorgeben, indem Sie zum Beispiel die C-Dur-Tonleiter vorspielen und danach ein Muster mithilfe der Karten legen. Wer möchte nun etwas vormachen?
Indem die anderen Kinder nach jeder Darbietung applaudieren, wird das Selbstbewusstsein des einzelnen Kindes enorm gestärkt.

WIR SIND FÜR DICH DA

FINGERSPIEL

Dieses Fingerspiel können die Kinder im Sitzkreis ausprobieren.

„Wir sind für dich da, mit viel Freude.
Schau her, wir sind sehr viele Leute.
Alle fünf Finger in der Luft zappeln lassen

Brauchst du Hilfe, kannst du uns fragen.
Wir können dir gerne einen Rat sagen.
Gegenseitig auf sich zeigen

Du bist uns wichtig, nicht nur heute.
Schau her, es mögen dich viele Leute.
Alle fünf Finger in der Luft zappeln lassen

Du brauchst nur auf uns zuzugehen.
Wir können nicht alles von alleine sehen.
Mit dem Zeige- und Mittelfinger auf dem Oberschenkel spazieren gehen

Sei selbstbewusst und hab etwas Mut.
Miteinander wird's dann wieder gut."
Daumen hochheben

WIR SCHAFFEN DAS ZUSAMMEN

TEAMSPIEL

Dazu brauchen Sie eine Stoppuhr oder eine Uhr mit Sekundenzeiger

Die Kinder sitzen zusammen im Stuhlkreis. Nun geht es darum, dass sie zusammen so schnell wie möglich eine kleine spaßige Aufgabe erfüllen, zum Beispiel die Stühle ganz schnell so umstellen, dass die Stuhllehne in Richtung Innenkreis zeigt, und sich rittlings auf die Stühle setzen.

Weitere Beispiele
für Spielrunden im Team, bei denen Sie zusätzlich die Zeit stoppen können:

- Die Stühle so schnell wie möglich hintereinander im Stuhlkreis aufstellen und sich hinsetzen.
- Eine bestimmte Anzahl von Stühlen, die Sie benennen, im Innenkreis so platzieren, dass diese sich auf irgendeine Art und Weise berühren.

Im Anschluss daran sollten Sie es nicht versäumen, die Kinder für ihr selbstständiges Handeln und ihre Teamarbeit zu loben.

KAPITEL 3

ICH KNETE MEINEN NAMEN

Die Fein- und Grobmotorik, Wahrnehmung und Konzentration verbessern sowie die Kreativität ausleben

Neues entdecken, eigene Ideen entwickeln, gemeinsam kreativ werden und dabei verschiedene Techniken kennenlernen – in diesem Kapitel geht es um das schöpferische Tun und Erleben an sich. Dafür werden keine Schablonen benötigt. Vielmehr laden die vielseitig verwendbaren Materialien (wie Sand, Knete oder Fingerfarbe) die Kinder zum Forschen und Experimentieren ein und regen ihre Fantasie und Kreativität an. Spielerisch befassen die Kinder sich mit dem Thema „Schule" und werden dabei feinmotorisch tätig. Indem sie mit den eigenen Händen etwas schaffen, trainieren sie zudem ihre Konzentration, Ausdauer und Wahrnehmung, was ihnen den Schulstart erleichtert. Darüber hinaus bringen sie ihren ganzen Körper zum Einsatz, indem sie zum Beispiel pantomimisch etwas darstellen.

DEN EIGENEN NAMEN ERKENNEN

WAHRNEHMUNGSSPIEL

Dazu brauchen Sie für jedes Kind ein helles DIN-A4-Tonpapier, Wachsmalstifte, Papier-, Filz- und Wollreste, einen Klebestift

Jedes Kind holt sich die genannten Sachen und setzt sich an einen Tisch. Danach faltet es das Tonpapier in der Mitte und schreibt entweder alleine oder mit Ihrer Hilfe auf der Vorderseite in Druckbuchstaben den eigenen Vornamen. Diesen kann es nun entlang der Schrift ganz nach Belieben mit Papier-, Filz- und Wollresten bekleben. Dabei lernen die Kinder auf kreative Weise das Schriftbild ihres Namens kennen.
Im Anschluss daran bilden sie einen Stuhlkreis und stellen ihre gestalteten Namensschilder direkt vor ihre Sitzplätze. Jetzt können Sie eines der aufgestellten Pappschildchen auswählen und es gut sichtbar in die Luft heben. Das Kind, dem das Schild gehört, kann zusätzlich noch aufstehen. Auf diese Weise wissen alle Kinder genau, welcher Name auf dem Schild steht. Daraufhin sagen alle laut:

„Hallo, … (Vorname des Kindes benennen)!“

Das Schild stellen Sie nun wieder auf den Platz zurück. Danach holen Sie sich ein anderes Schild und setzen auf die gleiche Weise die Begrüßungsrunde fort.

WIR KOMMEN BALD IN DIE SCHULE

MALSPIEL

Dazu brauchen Sie **eine weiße Papierrolle, Schere und Wachsmalstifte**

Zu Beginn schneiden Sie ein Stück von der Papierrolle ab und breiten es auf dem Boden aus. Auf das Papier legen Sie die Wachsmalstifte. Die Kinder können sich nun einen Platz suchen und sich selbst als Schulkind (mit Schulranzen und Schultüte) auf das Papier malen.

Sind alle Kinder fertig, können Sie gemeinsam mit den Kindern um das Papier herumgehen und dabei den folgen Spruch sagen:

„Wir kommen bald in die Schule, liebe Leute!
Darauf freuen wir uns bereits heute!"

Danach sucht sich jedes Kind eines der Bilder aus und die anderen Kinder versuchen zu erraten, wie der Künstler oder die Künstlerin heißt. Das Kind, das das Bild gemalt hat, kann dann noch erzählen, worauf es sich mit Blick auf die Schule am meisten freut.

VIELE NEUE FREUNDE

MALSPIEL

Dazu brauchen Sie **eine weiße Papierrolle, Buntstifte**

Legen Sie ein großes Stück der Papierrolle aus. Ein Kind legt sich darauf. Die anderen Kinder können nun seinen Körperumriss mit Stiften nachmalen. Dann steht das Kind auf und alle schauen sich gemeinsam den Umriss an. Lustig sieht es aus, wenn das Kind eine witzige Pose einnimmt und sich so nachmalen lässt. Am Ende haben Sie eine richtig tolle bildliche Darstellung der Kinder, die bald in die Schule kommen.
Ziel ist es, den Kindern künstlerisch zu verdeutlichen, dass es in der Schule sehr viele Kinder gibt, die auch ihre Freunde werden können.

TIPP Die Kinder können dieses Spiel auch paarweise spielen: Immer ein Partner umfährt mit dem Stift den anderen, danach tauschen die Kinder die Rollen.

WAS WIR IN DER SCHULE MACHEN

ROLLENSPIEL

Die Kinder bilden Paare und setzen sich in den Stuhlkreis. Das erste Paar stellt sich in den Innenkreis. Nun bekommt jedes Paar von Ihnen etwas Passendes rund um die Schule ins Ohr geflüstert (zum Beispiel „Ballspiel"/„Spiel auf dem Schulhof"), was es dann im Kreis für die anderen darstellt. Dementsprechend können die ersten beiden Kinder im Innenkreis so tun, als ob sie sich zum Beispiel gegenseitig einen Ball zuwerfen. Die Aufgabe der übrigen Kinder besteht darin, das Ballspiel zu erkennen und den Bezug zur Schule zu erraten. In diesem Fall, dass die Kinder in der Schule zum Beispiel im Sportunterricht oder auf dem Pausenhof mit dem Ball spielen können.
Auf die gleiche Weise stellen auch die anderen Paare der Reihe nach im Innenkreis das vor, was sie von Ihnen ins Ohr geflüstert bekommen haben.

TIPP Sie können auch mit Abbildungen auf Karten arbeiten.

Weitere Beispiele
Im Innenkreis können jeweils zwei Kinder so tun, als ob sie lesen und schreiben, rechnen oder gar ein Musikinstrument spielen.

WO STEHT DER HÖCHSTE SCHULTURM?

GESCHICKLICHKEITSSPIEL

Dazu brauchen Sie eine Stoppuhr oder eine Uhr mit Sekundenzeiger, ein paar Sachen für die Schule in doppelter Ausführung, zum Beispiel zwei Lineale, Radiergummis, Brotdosen, Schreibhefte, Schwämme und Taschentücher

Die Kinder setzen sich zusammen an einen Tisch. Auf dem Tisch platzieren Sie sechs bis acht Sachen, die die Kinder später in der Schule gut gebrauchen können.
Auf Ihr Kommando hin geht's los. Miteinander bauen die Kinder nun so schnell wie möglich einen hohen Schulturm mit den vor ihnen liegenden Sachen. Dabei entscheiden sie selbst, wie sie die einzelnen Sachen aufeinandertürmen.

Nach einer Minute jedoch ist das Spiel beendet. Die Gruppe bekommt nun die gleichen Sachen noch einmal, mit denen sie versucht, innerhalb einer Minute einen noch höheren Turm zu bauen. Am Ende vergleichen Sie die beiden Kunstwerke miteinander und sind gespannt, wo der höchste Schulturm steht.

EIN STAPEL VOLLER BUNTSTIFTE

GESCHICKLICHKEITSSPIEL

Dazu brauchen Sie **fünfzig bis sechzig Buntstifte, einen Würfel, einen Stempel, für jedes Kind ein Notizblatt**

Die Kinder sitzen an einem Tisch, auf den Sie jede Menge Buntstifte und einen Würfel legen. Jedes Kind erhält von Ihnen ein Notizblatt.

Ein Kind beginnt zu würfeln. Es holt so viele Buntstifte, wie der Würfel zeigt, und legt sie auf irgendeine Weise in die Tischmitte, zum Beispiel gestapelt oder so, dass sie sich berühren. Danach gibt es den Würfel einem anderen Kind. Es setzt das Würfelspiel genauso fort und nimmt sich entsprechend der gewürfelten Augenzahl die gleiche Anzahl an Buntstiften, die es auf oder an die anderen in irgendeiner Art und Weise legt. Sollte jedoch ein Buntstift vom Stapel rutschen oder wegrollen und somit keinen Stift berühren, dann machen alle übrigen Kinder einen Stempel auf ihr Notizblatt.

Im Anschluss daran fängt das Spiel ausgehend von einem anderen Kind von vorne an.

Nach ein paar Runden schauen die Kinder nach, wer von ihnen die meisten Stempel machen konnte.

SCHLANGE AUS SCHULSACHEN

RATESPIEL

Dazu brauchen Sie einen Würfel und jede Menge Sachen, die auch in der Schule gebraucht werden, zum Beispiel einen Bleistift, einen Radiergummi, ein Lineal, ein paar Buntstifte, einen Klebestift und eine Schere

Die Kinder sitzen zusammen an einem Tisch, auf dessen Mitte Sie jede Menge Schulsachen und einen Würfel legen.
Ein Kind beginnt zu würfeln. Je nachdem, welche Augenzahl gewürfelt wurde, nimmt es sich die entsprechende Anzahl von Schulsachen, mit denen es zum Beispiel eine Schlange, ein Haus oder etwas anderes legt. Das kann auch etwas mit Bezug zur Schule sein. Wer von den übrigen Kindern errät, was das Kind mithilfe der Schulsachen dargestellt hat?
Das Kind, das die Antwort am schnellsten weiß, setzt das Würfelspiel fort, sobald das erste Kind die Sachen wieder zurückgelegt hat. Danach nimmt es sich passend zur gewürfelten Augenzahl eine oder mehrere Sachen aus der Tischmitte, die es ebenfalls nacheinander vor sich hinlegt.
Auf diese Weise geht das Würfelspiel immer weiter, bis möglichst alle Kinder zumindest einmal an der Reihe gewesen sind.

NAMEN KNETEN

WAHRNEHMUNGSSPIEL

Dazu brauchen Sie **Knetmasse, ein paar weiße DIN-A5-Blätter, einen Stift, eine Augenbinde**

Die Kinder sitzen zusammen am Tisch und erhalten von Ihnen Knetmasse.
Jedes Kind knetet nun seinen Namen, den Sie für jedes Kind auf ein Blatt Papier schreiben können.
Wenn die Kinder fertig sind, kann ein Kind beginnen, das sich traut: Es lässt sich die Augen verbinden und von Ihnen oder einem anderen Kind einige Runden um den Tisch führen. Schließlich halten Sie/die Kinder vor einem der Knetnamen an. Die Aufgabe des Kindes mit verbundenen Augen besteht nun darin, den Namen mit den Fingern abzutasten. Dabei soll es herausfinden, ob es sich um seinen eigenen Namen handelt oder nicht. Zur Kontrolle nimmt es die Augenbinde ab, die es demjenigen Kind übergibt, von dem es soeben geführt wurde.
Das betreffende Kind lässt sich von Ihnen, falls es möchte, die Augen verbinden. Ansonsten darf ein anderes Kind sich die Augen verbinden lassen. Nun führt das Kind, das vorher den Namen ertastet hat, das Kind mit den verbundenen Augen zu einem der Namen aus Knete.
Auf diese Weise geht's immer weiter, bis möglichst alle Kinder mit verbundenen Augen das Wahrnehmungsspiel durchführen konnten.

RATE MAL!

MALSPIEL

Dazu brauchen Sie **eine Zaubertafel o. Ä.**

Ein Kind am Tisch erhält eine Zaubertafel. Alle übrigen Kinder setzen sich so hin, dass sie die Zaubertafel gut im Blick haben. Das Kind überlegt sich nun einen Gegenstand, der zur Schule passt. Das kann zum Beispiel ein Schulranzen, eine Schultüte, ein Bleistift, ein Radiergummi oder gar ein Schreibheft sein.
Während das Kind den Gegenstand auf die Tafel malt, sollen die übrigen Kinder herausfinden, wie der Gegenstand heißt. Das Kind, das am schnellsten die Antwort weiß, macht mit einem Wisch alles weg, um etwas Neues auf die Tafel zu malen.
Auf diese Weise finden noch ein paar Malrunden zum Raten statt.

LUFTIGE SCHULKUNST

MALSPIEL

Dazu brauchen Sie **einen Pinsel**

Die Kinder bilden einen Stuhlkreis. Ein Kind erhält von Ihnen einen Pinsel. Es darf sich etwas Typisches überlegen, das zur Schule passt. Das kann zum Beispiel eine Schultafel, ein Schulranzen oder ein Federmäppchen sein. Es zeichnet das, was es sich ausgedacht hat, mithilfe des Pinsels in die Luft. Die übrigen Kinder beobachten alles genau und sollen herausfinden, was damit gemeint sein kann. Sollte das zu schwierig sein, dann darf das Kind den Gegenstand beschreiben. Wurde die richtige Antwort gegeben, übergibt das Kind seinen Pinsel dem Kind, das das Dargestellte erraten hat, oder einem anderen Kind. Es setzt das Malspiel mit einem neuen, erdachten Gegenstand fort, den die übrigen Kinder wieder erraten. Auf diese Weise geht's immer weiter, bis das erste Kind wieder den Pinsel in den Händen hält.

WER BLEIBT IN DEINEM HERZEN?

MALSPIEL

Dazu brauchen Sie **für jedes Kind ein weißes DIN-A3-Papier, Wachsmalstifte, einen Bleistift**

Zu Beginn zeichnen Sie für jedes Kind ein großes Herz auf ein Blatt Papier. Die Herzen verteilen Sie an die Kinder. Zudem legen Sie noch jede Menge Wachsmalstifte auf dem Tisch bereit.
Die Kinder überlegen nun, wie ihre besten Kindergartenfreunde heißen, die auch jünger als sie selbst sein können und somit noch nicht eingeschult werden. Jedes Kind malt bis zu fünf Kinder in das von Ihnen vorgezeichnete Herz.
Machen auch Sie mit, indem Sie ausnahmsweise alle Kinder, die eingeschult werden, eventuell auch „nur" als Strichmännchen, in Ihr Herz malen.
Im Anschluss daran zeigen die Kinder der Reihe nach ihre Kunstwerke. Dabei können die übrigen Kinder die Anzahl an gemalten Kindergartenfreunden herausfinden. Wissen sie auch, wie die einzelnen Freunde heißen? Dadurch, dass die Kinder sich untereinander in der Regel gut kennen, haben sie bestimmt schon eine Idee.

Am Schluss stellen Sie den Kindern Ihre Zeichnung vor. Können die Kinder schon zählen, wie viele gemalte Kinder im Herz sind? Erzählen Sie, wie viele Kinder dieses Jahr eingeschult werden, und fragen sie die Kinder noch einmal, wie viele Kinder sie im Herz gezählt haben. Und wer kann wohl auch erraten, wie viele Kinder Sie bald vermissen werden?
Ziel ist es, dass die Kinder künstlerisch zum Ausdruck bringen, wie sehr sie ihre Kindergartenfreunde im Herzen behalten werden. Nicht zuletzt können Sie den Kindern so auch zeigen, wie sehr Sie die Großen vermissen werden.

VORFREUDE KÜNSTLERISCH DARSTELLEN

MALSPIEL

Dazu brauchen Sie **für jedes Kind einen flachen, glatten (Kiesel-)Stein (aus einem Flussbett oder aus dem Baumarkt) und einen Malkittel, wasserbasierte und wasserfeste Acrylstifte, Acrylmarker oder Acrylfarben in Töpfchen oder Kreide, Buntstifte oder Aquarellstifte, Pinsel mit Kunsthaarborsten, evtl. Schleifpapier**

Die Kinder überlegen, auf was sie sich am meisten in Bezug auf die Schule freuen. Das können auch ganz banale Dinge wie zum Beispiel der Schulranzen oder die Schultüte sein. Wichtig ist, dass sie es mit einem kleinen Bild (symbolisch) darstellen können.
Die Kinder malen dann das, was sie sich in Gedanken vorstellen, auf den Stein. Dabei können sie auch das Gemalte verschönern, indem sie mit den Farben um das Motiv herummalen und den Stein noch verzieren.
Im Anschluss daran bilden alle einen Stuhlkreis und holen ihre steinigen Kunstwerke. Sie zeigen sie der Reihe nach den anderen Kindern. Diese können nun erraten, was damit gemeint sein kann. Das betreffende Kind löst dann das Rätsel auf und teilt den übrigen Kindern mit, weshalb es sich gerade auf das freut, was es gemalt hat.
Die Steine können die Kinder selbstverständlich behalten. So hat jedes Kind einen kleinen Glücksstein für den Schulbeginn.

TIPP Säubern Sie die Steine vor dem Spiel. Haben die Steine noch Unebenheiten, schleifen Sie sie mit etwas Schleifpapier vor dem Bemalen ab. Für einen besseren Halt der Farben können Sie die Steine vorher mit einer Sprühfarbe grundieren.

SCHATZSUCHE „SCHULSACHEN“

WARHNEHMUNGSSPIEL

Dazu brauchen Sie einen Sandkasten, für jedes Kind eine kleine Sandschaufel, einen Korb mit verschiedenen Utensilien, die in jedes Federmäppchen gehören, zum Beispiel Blei- und Buntstifte sowie ein Lineal

Die Kinder sitzen auf dem Sandkastenrand und bilden zwei bis drei gleich große Gruppen. Ein Kind vergräbt einen kleinen Schatz, zum Beispiel ein Lineal, sobald alle übrigen Kinder ihre Augen geschlossen haben.
Die Kinder öffnen nun auf den Hinweis des Kindes hin die Augen und holen sich jeweils eine kleine Sandschaufel, um den Schatz auszugraben. Konnte ein Kind den kleinen Schatz finden und zudem benennen, dann hat seine Gruppe die Spielrunde gewonnen.
Danach darf es sich heimlich etwas Neues holen, zum Beispiel einen Radiergummi. Während nun alle übrigen Kinder die Augen schließen, vergräbt es den neuen Schatz.
Auf diese Weise finden noch ein paar Spielrunden mit den Sachen statt, die am Ende gemeinsam abgewaschen und abgetrocknet werden.

ICH BIN NICHT ALLEINE

WAHRNEHMUNGSSPIEL

Dazu brauchen Sie **für jedes Kind einen Malkittel, ein weißes DIN-A3-Papier und eine bestimmte Acrylfarbe, evtl. Glitzersteinchen, Federn oder anderes Material zum Verzieren, ruhige Instrumentalmusik**

Die Kinder sitzen zusammen am Tisch, auf den Sie die Malutensilien legen.
Jedes Kind zieht einen Malkittel an, nimmt sich ein weißes Papier und verteilt eine bestimmte Farbe auf seiner Handfläche. Damit macht es einen Handabdruck auf sein Papier. Danach verteilt jedes Kind erneut etwas Farbe auf seiner Handfläche und sucht sich in aller Ruhe ein neues Blatt aus, um darauf seinen Handabdruck zu hinterlassen. Wenn die Kinder mögen, können sie ihre Blätter mit Handabdrücken noch mit einem anderen Material künstlerisch verzieren.
Im Anschluss daran können Sie den Kindern anhand der unterschiedlichen Handabdrücke bewusst machen, wie viele Kinder eingeschult werden. Die vielen Farben verdeutlichen das zusätzlich.

TIPP Sie können nebenbei eine entspannende Musik laufen lassen.

KUNST AUS SCHULSACHEN

TEAMSPIEL

Dazu brauchen Sie jede Menge Bleistifte und Buntstifte und andere Utensilien in mehrfacher Ausführung, zum Beispiel Anspitzer, Radiergummis und Lineale

Die Kinder sitzen zusammen im Kreis auf dem Boden, in dessen Mitte Sie jede Menge Schulsachen legen.
Die Kinder sollen nun mithilfe der Utensilien zusammen etwas Schönes legen, das auf die Schule hinweist. Das kann zum Beispiel eine Schultüte, ein Schulbus oder gar das Schulhaus sein. Miteinander wählen sie etwas Bestimmtes aus, das sie mithilfe der Schulsachen im Innenkreis darstellen.
Im Anschluss daran betrachten Sie das Kunstwerk gemeinsam mit den Kindern. Möchten die Kinder erzählen, warum sie ihre Idee so dargestellt haben? Was ist ihnen daran besonders wichtig?

Kapitel 4

Was reimt sich auf Schule?

Kommunikationsanlässe schaffen und die phonologische Bewusstheit trainieren

Bereits im Kindergarten trainieren die Kinder täglich auf spielerische Weise ihre sprachlichen Kompetenzen. Dabei ist die Face-to-Face-Kommunikation besonders wichtig, um sich gegenseitig wahrnehmen und dabei auch nonverbal interagieren zu können.

Mit den folgenden Sprech- und Sprachspielen rund um das Thema Schule stimmen die Kinder sich nicht nur auf das genaue Hinhören ein, sondern sie lernen auch die formalen Eigenschaften der gesprochenen Sprache kennen. Das wiederum wirkt sich sehr positiv auf den späteren Lese- und Schreiberwerb aus. Mit viel Spaß können sie unter anderem Reimpaare erfassen, An- und Auslaute erkennen und erfahren, dass Sätze aus Wörtern, Wörter aus Silben und Silben aus Lauten aufgebaut sind.

DER WECKER KLINGELT

KOMMUNIKATIONSSPIEL

Dazu brauchen Sie **einen Wecker**

Die Kinder bilden einen Stuhlkreis. Währenddessen holen Sie sich einen Wecker.
Die Kinder tun nun so, als ob sie schlafen würden. Nach einer Minute klingelt der Wecker. Die Kinder öffnen ihre Augen und recken und strecken sich ausgiebig. Ein Kind erhält den Wecker und fängt an zu erzählen. Es berichtet in möglichst einem Satz von einer Sache, die es jeden Morgen vor Schulbeginn machen wird. Das kann das Waschen, Anziehen, Schultaschekontrollieren, Frühstücken, Zähneputzen oder gar das richtige Verhalten auf dem Schulweg sein. Danach übergibt es den Wecker an das nächste Kind im Stuhlkreis, das somit etwas nennen kann, was morgens vor der Schule stattfindet.
Auf diese Weise geht's rundherum immer weiter, bis alle Kinder einmal zu Wort kamen und sich somit zu dem Thema äußern konnten.

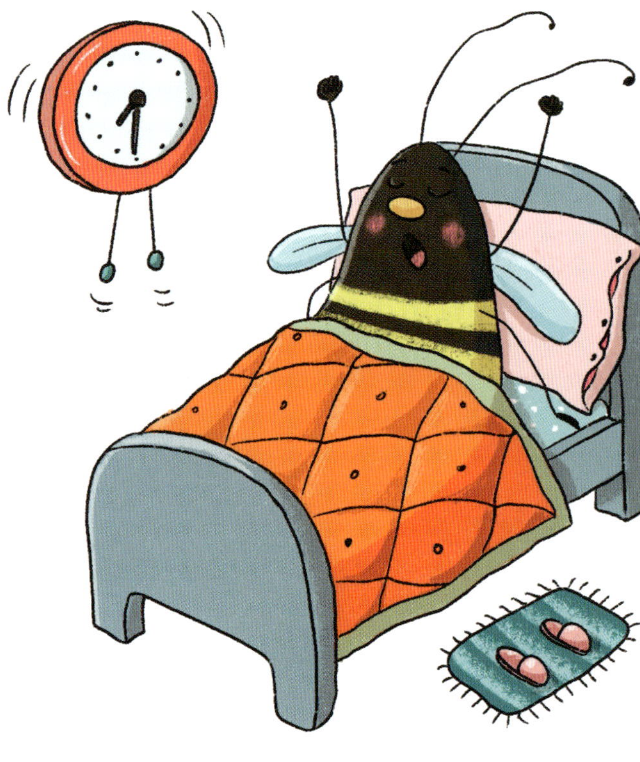

WER IST WOHL GEMEINT?

WAHRNEHMUNGSSPIEL

Alle Kinder sitzen zusammen im Stuhlkreis. Starten Sie die Spielrunde, indem Sie einen Buchstaben sagen, mit dem der oder die Vorname/n eines Kindes oder mehrerer Kinder beginnen. Zum Beispiel:

„Der Vorname/die Vornamen fängt/fangen mit dem Buchstaben E an."

Die Kinder, die glauben, dass es sich dabei um ihren Anfangsbuchstaben handelt, stehen auf. Zur Kontrolle lösen Sie das Rätsel auf und bitten ein Kind, das gerne möchte, das Spiel mit einem anderen Anlaut fortzusetzen, sobald alle wieder auf ihrem Platz sitzen.
Das Spiel ist aus, sobald von allen Kindern der Anfangsbuchstabe ihres Vornamens benannt wurde.

MEINE BROTDOSE

KOMMUNIKATIONSSPIEL

Dazu brauchen Sie eine Brotdose

Die Kinder befinden sich im Stuhlkreis. Ein Kind erhält von Ihnen eine Brotdose. Das betreffende Kind kann nun etwas Gesundes benennen, das für ein zweites Frühstück in der Schulpause geeignet ist. Die übrigen Kinder hören gut zu und legen ihr Veto ein, falls sie damit nicht einverstanden sind. Konnte das Kind etwas Passendes wie zum Beispiel ein mit Käse und Gurke belegtes Vollkornbrot oder einfach ein Früchte-Müsli nennen, dann geht es mit der Brotdose in der Hand auf ein anderes Kind zu und sagt:

„Das, was in meiner Brotdose ist, schmeckt lecker und fein.
Und was packst du in deine Dose für die Schule ein?"

Es übergibt dem Kind die Brotdose und tauscht mit ihm den Platz, sodass das Kind auf die gleiche Weise den anderen mitteilen kann, wie man sich gesund ernähren und dabei auch fit und fröhlich bleiben kann.
Das Spiel geht so weiter, bis alle Kinder zumindest einmal die Brotdose erhalten haben und sich dazu äußern konnten.

IM SPORTUNTERRICHT

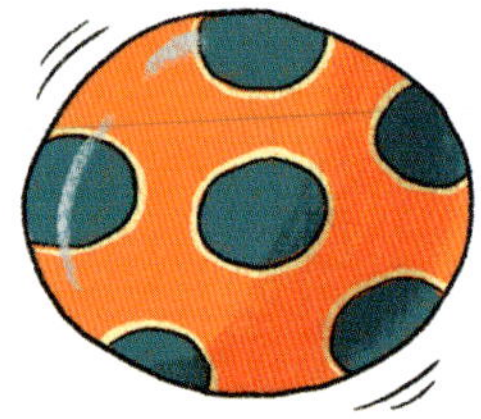

ROLLENSPIEL

Alle Kinder bilden einen Stuhlkreis, nur ein Kind begibt sich in die Kreismitte. Es stellt eine sportliche Aktivität vor, die auch Bestandteil im Sportunterricht sein kann. Dabei kann das Kind so tun, als ob es einen Ball auf den Boden prellen, Seilspringen oder gar ein Seil hochklettern würde. Die übrigen Kinder beobachten alles genau und sollen herausfinden, was das Kind gerade macht.
Wurde die richtige Antwort benannt, tauscht es mit einem anderen Kind den Platz, das nun eine neue sportliche Aktivität vorstellt. Auf diese Weise spielen sie ein paar Runden.
Im Anschluss daran können die Kinder sich gegenseitig berichten, auf welche sportliche Aktivität in der Schule sie sich am meisten freuen. Das kann sowohl in der Sporthalle als auch auf dem Sportplatz sein.

AUF WAS DU DICH FREUEN KANNST

KOMMUNIKATIONSSPIEL

Dazu brauchen Sie **einen Teddybär o. Ä.**

Während die Kinder einen Stuhlkreis bilden, holen Sie sich einen Teddy.
Erzählen Sie den Kindern, dass Teddy bald in die Schule kommt. Was wird wohl alles in der Schule passieren? Auf was kann sich Teddy jetzt schon riesig freuen? Die Kinder tauschen sich untereinander aus, bevor das Spiel beginnt.
Teddy sitzt in der Mitte und die Kinder können ihm nacheinander Dinge nennen, wie:

„Du kannst dich auf die Schule freuen, weil du dann lesen und schreiben lernst!“

Dabei tut das Kind, das den Satz gesagt hat, so, als ob es ein Buch halten und lesen und schließlich auf ein Blatt Papier schreiben würde.
Das nächste Kind kann zum Beispiel sagen:

„Du kannst dich auf die Schule freuen, weil du dann viele neue Freunde finden wirst.“

Es kann dabei auf die Kinder im Kreis zeigen. Es geht so weiter, bis alle Kinder etwas Positives in Bezug auf die Schule gesagt haben.

KENNST DU SCHON DEINE SCHULE?

KOMMUNIKATIONSSPIEL

Das folgende Stuhlkreisspiel eignet sich besonders gut nach dem ersten Schulbesuch, den viele Kindergärten mit zukünftigen Schulanfänger/innen machen. Unabhängig davon haben bereits viele Kinder, zum Beispiel durch ältere Geschwisterkinder, zumindest eine Ahnung davon, wie ihre zukünftige Schule aussieht.

Zu Beginn stellen Sie sich in die Kreismitte und verwenden folgenden Abzählvers:

„1, 2 und 3, wer ist jetzt dran?
Du fängt nun zu erzählen an!"

Dabei deuten Sie bei jeder Silbe auf die einzelnen Kinder im Kreis herum. Das Kind, auf das Sie als letztes zeigen, berichtet nun etwas über seine zukünftige Schule. Es kann das Schulhaus oder den Pausenhof beschreiben oder vielleicht auch einen kleinen Einblick in ein Klassenzimmer geben. Danach wechselt es den Platz mit Ihnen. Ausgehend von der Kreismitte fängt es dann eine neue Spielrunde mithilfe des Abzählverses an. Es werden so noch ein paar Spielrunden durchgeführt.

SCHULTASCHE EINRÄUMEN

KOMMUNIKATIONSSPIEL

Dazu brauchen Sie eine Schultasche und für jedes Kind zwei bis drei Utensilien für die Schultasche, zum Beispiel ein Federmäppchen, ein Lesebuch und eine Brotdose, sowie ein paar andere Dinge, etwa einen Ball und ein Spielzeugauto

Die Kinder sitzen zusammen am Tisch, auf den Sie ein paar Dinge legen, die in die Schultasche gehören oder nicht.
Ein Kind erhält die leere Schultasche und soll eine Sache vom Tisch nehmen, die seiner Meinung nach in die Schultasche gehört. Es nimmt sich zum Beispiel ein Rechenheft und teilt den anderen auch mit, wozu es das Rechenheft in der Schule gebrauchen kann. Sind die übrigen Kinder mit der Auswahl einverstanden, dann tut es das Rechenheft in die Tasche, die es dann seinem Nachbarskind übergibt. Das zweite Kind sucht sich nun einen weiteren Gegenstand aus, der seiner Meinung nach in die Schultasche gehört.
Auf diese Weise geht es der Runde nach weiter, bis lediglich die Dinge auf dem Tisch liegen, die nicht in die Schultasche gehören.

IN DER SCHULE

FINGERSPIEL

Die Kinder sitzen zusammen im Stuhlkreis und führen das folgende Fingerspiel durch, bei dem sie selbst Reimwörter finden:

„Der Erste sagt: ‚Was reimt sich auf Schulhaus?'"
„Maus, Klaus …"
Den Daumen ausstrecken

„Der Zweite sagt: ‚Was reimt sich auf Schultasche?'"
„Masche, Lasche …"
Danach den Zeigefinger, …

„Der Dritte sagt: ‚Was reimt sich auf Schulbrot?'"
„Rot, Kot …"
den Mittelfinger, …

„Der Vierte sagt: ‚Was reimt sich auf Schulglocke?'"
„Rocke, Locke …"
den Ringfinger und …

„Der Fünfte sagt: ‚Ist die Schule dann aus,
gehen alle fröhlich nach Haus!'"
schließlich den kleinen Finger ausstrecken

SPRING AUF DREI!

WAHRNEHMUNGSSPIEL

Die Kinder bilden einen Stuhlkreis. Sobald alle Kinder am Platz sitzen, sagen Sie ein Wort, das zur Schule passt, wie „Schultafel".
Die Kinder wiederholen das Wort und klatschen dabei bei jeder Silbe einmal in die Hände. Dabei sollen sie gut aufpassen und aufspringen, sobald das Wort aus drei Silben besteht. Sollte jedoch das Wort weniger oder gar mehr als drei Silben haben, bleiben sie einfach sitzen.
Auf diese Weise finden noch ein paar Spielrunden statt:

Beispiele

- Uhr – einmal klatschen
- Bleistift – zweimal klatschen
- Buntstifte – dreimal klatschen
- Radiergummi – viermal klatschen
- Pausenhofspiele – fünfmal klatschen

SILBENSCHRITTE

KREISSPIEL

Alle Kinder stehen zusammen im Kreis. Ein Kind beginnt und denkt sich ein Wort aus, das zur Schule passt. Wenn es nun zum Beispiel „Schulweg“ sagt, wiederholen alle Kinder gemeinsam das Wort und klatschen bei jeder Silbe in die Hände. Das Kind geht dabei zu jeder Silbe von Kind zu Kind im Kreis herum. Es wechselt dann mit dem Kind den Platz, neben dem es zum Stehen kommt.

Das betreffende Kind denkt sich nun ein neues Wort aus, zum Beispiel „Sportunterricht“. Sobald das Kind das Wort sagt, klatschen alle wieder bei jeder Silbe in die Hände. Dabei geht das Kind bei jeder Silbe von Kind zu Kind im Uhrzeigersinn herum.

Das Spiel geht so lange, bis alle Kinder ein- oder gar mehrmals zu Wort gekommen sind.

A WIE ANSPITZER

REAKTIONSSPIEL

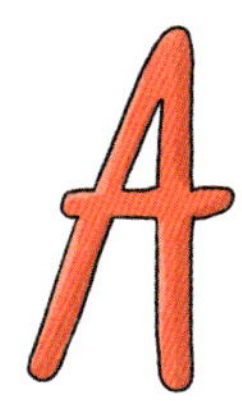

Dazu brauchen Sie **sechs bis acht Schulsachen mit jeweils einem anderen Anfangsbuchstaben, zum Beispiel einen Anspitzer, einen Bleistift, ein Lineal, einen Radiergummi, ein Schreibheft, eine Trinkflasche**

Auf einen Tisch legen Sie ein paar Schulsachen, die jeweils mit einem bestimmten Buchstaben beginnen. Nun ist für die Kinder Schnelligkeit gefragt: Wenn Sie den Buchstaben „A“ nennen, suchen sie rasch den Gegenstand, der mit „A“ beginnt, und patschen mit der flachen Hand darauf. Das Kind, dem das besonders schnell gelingt, setzt das Spiel fort, indem es sich in Gedanken den gleichen oder einen anderen Gegenstand aussucht. Es sagt laut seinen Anfangsbuchstaben. Wer wird wohl jetzt besonders schnell mit der flachen Hand auf den gesuchten Gegenstand patschen?

Auf diese Weise finden noch ein paar Spielrunden statt.

HINWEIS Die Anlaute werden so benannt, wie man sie tatsächlich ausspricht. Die Kinder sagen zum Beispiel nicht „Be“ sondern „B“.

WIR GEHEN IN DIE SCHULE

WAHRNEHMUNGSSPIEL

Dazu brauchen Sie jede Menge Buntstifte

Die Kinder sitzen zusammen am Tisch, in dessen Mitte Sie jede Menge Buntstifte legen. Miteinander überlegen die Kinder sich einen möglichst langen Satz, der sich auf die Schule bezieht, zum Beispiel:

„Wir freuen uns auf die Schule!"

Alle legen nun bei jedem Wort einen Bleistift direkt vor sich auf den Tisch, sodass vor jedem Kind eine Bleistiftreihe entsteht. Danach legen die Kinder die Bleistifte zurück und überlegen sich einen neuen Satz, zum Beispiel:

„Wir haben bereits eine tolle Schultüte gebastelt."

Auf diese Weise finden noch ein paar Spielrunden statt. Wie viele Bleistifte oder Bleistiftreihen liegen nun vor jedem Kind?
Danach können Sie eine neue Spielrunde starten, bei der alle einen möglichst kurzen Satz oder gar einen Satz aus einer bestimmten Anzahl von Wörtern bilden sollen. Dabei dreht sich inhaltlich wieder alles um das Thema „Schule".

EINKAUFEN UND REIMEN

KOMMUNIKATIONSSPIEL

Alle Kinder sitzen zusammen im Kreis. Ein Kind, das gerne möchte, steht auf und geht im Innenkreis herum. Dabei sagt es laut:

„Ich kaufe für die Schule eine Brotdose ein.
Welches Reimwort fällt dir dazu ein?"

Das Kind, bei dem es nun ankommt, nennt ein dazu passendes Reimwort, zum Beispiel „Rose!", „Hose!" oder „Lose!".

Danach wechseln beide ihre Plätze. Das Kind, das nun im Innenkreis steht, setzt den „Einkauf" fort, indem es auch im Kreis herumgeht und zum Beispiel sagt:

„Ich kaufe für die Schule eine Sporttasche ein.
Welches Reimwort fällt dir dazu ein?"

Das Kind wendet sich dem Kind zu, bei dem es gerade steht. Dieses sagt nun ein entsprechendes Reimwort, zum Beispiel „Lasche!", „Masche!" oder „Flasche!".

Die beiden Kinder wechseln ihre Plätze, sodass eine neue Spielrunde beginnen kann.
Auf diese Weise geht's noch ein paarmal weiter. Im Anschluss daran können die Kinder noch einmal die Gegenstände aufzählen, die in den vorherigen Spielrunden benannt wurden.

WÜRFELN UND REIMEN

KOMMUNIKATIONSSPIEL

Dazu brauchen Sie **einen Würfel**

Die Kinder sitzen zusammen am Tisch. Ein Kind erhält von Ihnen einen Würfel. Sie sagen nun ein Wort mit Bezug zur Schule, zum Beispiel „Schreibtisch!". Je nachdem, welche Punktzahl das Kind würfelt, versucht es, zu dem Wort die gleiche Anzahl von Reimwörtern zu finden.
Wurde nun die Drei gewürfelt, kann es zum Beispiel sagen: „Fisch!", „Misch!" oder „Lisch!". Die Reimwörter brauchen also keinen Sinn zu ergeben.
Der Würfel wird an das nächste Kind weitergereicht. Während nun das Kind würfelt, überlegen Sie oder ein anderes Kind sich ein neues Wort, zum Beispiel „Schultasche". Das Kind denkt sich dann entsprechend der gewürfelten Augenzahl wieder ein oder mehrere Reimwörter aus.
Das Würfelspiel wird so lange fortgesetzt, bis alle Kinder einmal den Würfel erhalten haben und somit reimen konnten.

SCHULGESCHICHTEN

KOMMUNIKATIOSSPIEL

Dazu brauchen Sie eine Glocke, für jedes Kind etwas, das auf die Schule hinweist, zum Beispiel ein Lesebuch, ein Liederheft oder einen Wachsmalstift

Auf einem Tisch, um den die Kinder sich herumsetzen, verteilen Sie für jedes Kind einen Gegenstand, den es gut in der Schule gebrauchen kann.
Zu Beginn läuten Sie die Glocke. Erzählen Sie den Kindern, dass nun die Schule beginnt. Was werden die Kinder wohl alles in der Schule erleben?

Ein Kind, das beginnen möchte, nimmt einen Gegenstand, zum Beispiel das Liederbuch, an sich und sagt:

„Im Morgenkreis schlagen wir das Liederheft auf und singen ein Begrüßungslied."

Danach kommt das nächste Kind an die Reihe, nimmt sich zum Beispiel das Lesebuch und setzt die Geschichte des vorherigen Kindes fort:

„Danach setzen wir uns an den Tisch, holen unser Lesebuch aus der Schultasche und fangen an zu lesen."

So spielen sie weiter, bis alle Kinder der Reihe nach zu Wort gekommen sind und letztendlich auch alle Gegenstände verteilt worden sind.

Kapitel 5

Ich, du und wir

Die emotionale Intelligenz und die sozialen Kompetenzen stärken

Im Vorschulalter entwickeln Kinder ihre sozialen und emotionalen Kompetenzen weiter. Dazu zählt auch die Empathie als Teil der emotionalen Intelligenz. Emotionale Intelligenz beinhaltet, dass Kinder lernen, wie sie sich wieder beruhigen können, falls sie verärgert oder gar wütend sind. Darüber hinaus erfahren sie, wie es ist, Teil einer Gruppe zu sein, in Beziehungen zu denken, vereinbarte Regeln einzuhalten und sich rücksichtsvoll zu verhalten.
Die nachfolgenden Praxisideen stärken sozial-emotionale Kompetenzen. Spielerisch trainieren die Kinder das Zuhören oder Nachfragen. Zudem lernen sie den Sinn und Zweck von gewissen Richtlinien kennen sowie die Gefühle bei sich und anderen richtig einzuschätzen. Mit viel Spaß üben sie, sich in die Lage des anderen hineinzuversetzen, Verständnis zu entwickeln, sich gegenseitig zu respektieren und füreinander da zu sein. Im Spiel handeln sie auch im Team und entdecken Möglichkeiten, wie sie in bestimmten Situationen besser mit negativen Gefühlen umgehen können.

GEFÜHLE ZEIGEN

WAHRNEHMUNGSSPIEL

Wie sieht man aus, wenn man glücklich, traurig, wütend oder gar enttäuscht ist? Die Kinder stellen sich in einem großzügigen Kreis auf und tauschen sich darüber aus, wie man auf andere wirken kann, wenn man zum Beispiel glücklich ist.

Ein Kind beginnt und zeigt nun, wie es sich fühlt, wenn es glücklich ist. Es geht einfach mit einem freudigen Gesichtsausdruck auf irgendein Kind zu, vor dem es dann beispielsweise vor Freude in die Luft springt. Danach geht es wieder auf seinen Platz zurück.
Das so ausgewählte Kind kann die Freude wiederum einem anderen Kind genauso weitergeben oder sich etwas Neues ausdenken, indem es zum Beispiel das nächste Kind herzlich umarmt. Dieses Kind wiederum macht dem nächsten Kind etwas schon Präsentiertes oder Neues vor.
Das geht so weiter, bis möglichst jedes Kind einmal an der Reihe gewesen ist.
Auf die gleiche Weise können die Kinder andere Gefühle wie Traurigkeit, Wut oder Enttäuschung reihum präsentieren.

GEFÜHLE BENENNEN

KARTENSPIEL

Dazu brauchen Sie **Gefühle-Karten, einen Würfel**

Bereiten Sie sechs bis zehn Karten vor, auf denen jeweils ein Gefühl dargestellt ist (zum Beispiel fröhlich, traurig, wütend, ängstlich, neugierig, trotzig sein und lieb haben). Hierfür können Sie Fotos verwenden, auf denen immer ein Kind abgebildet ist, das ein bestimmtes Gefühl darstellt. Die Karten werden auf einem Tisch ausgelegt und alle Kinder setzen sich rundherum.
Nun beginnt ein Kind zu würfeln. Es würfelt dreimal. Würfelt es eine Sechs, darf es sich eine Karte nehmen und sagen, welches Gefühl seiner Meinung nach darauf abgebildet ist.
Sind die anderen Kinder einverstanden? Sprechen Sie gemeinsam darüber, warum sie denken, dass es dieses oder jenes Gefühl ist. Sind alle mit der Bestimmung einverstanden, darf das Kind die Karte vor sich hinlegen.

Dann ist das nächste Kind an der Reihe und wählt bei einer Sechs eine Gefühle-Karte aus. Sollte es jedoch nach drei Versuchen keine Sechs würfeln, dann übergibt es den Würfel sofort dem nächsten Kind.
Sie können das Spiel so lange spielen, bis alle Karten verteilt sind. Sollte zu selten eine Sechs gewürfelt werden, können Sie eine weitere Zahl festlegen, bei der eine Karte aus der Mitte genommen wird.

VARIANTE

Sie können das Würfelspiel ganz weglassen. Die Kinder nehmen dann der Reihe nach eine Karte, bis alle Karte/n besprochen und verteilt sind.

TIPP Möchten die Kinder sich anschließend noch eine kurze Geschichte zu der/den vor ihnen liegenden Karte/n ausdenken? Oder haben sie selbst sich schon einmal so ähnlich gefühlt? Möchten sie davon erzählen?

WISST IHR, WIE ICH MICH FÜHLE?

RATESPIEL

Dazu brauchen Sie **einen Gymnastikreifen, Tanzmusik**

Alle Kinder stehen im Kreis beisammen. Einem Kind übergeben Sie einen Gymnastikreifen, in den es sich stellt. Danach drehen sich alle Kinder in eine Richtung und laufen zur Musik im Kreis hintereinander her. Auch das Kind, das im Reifen stand.
Sobald die Musik stoppt, bleiben die Kinder stehen. Das Kind, das nun im Reifen steht, zeigt ein Gefühl, zum Beispiel Wut. Dabei kann es die Lippen zusammenpressen und die Augen zusammenkneifen oder die Hand zur Faust ballen. Die übrigen Kinder beobachten alles genau und versuchen anhand der Mimik, Gestik und Körperhaltung das Gefühl zu erraten. Haben die Kinder recht? Das Kind im Reifen löst es auf. Danach fängt das Spiel wieder von vorne an.
Auf diese Weise finden noch ein paar Spielrunden statt, bei denen dann jedes Mal das Kind, das gerade im Reifen steht, ein Gefühl darstellt.

ZUHÖREN UND FREUDE ERLEBEN

GEDÄCHTNISSPIEL

Die Kinder stehen in einem lockeren Kreis und überlegen sich, weshalb sie sich auf die Schule freuen. Nun beginnt ein Kind. Es geht auf ein anderes zu und teilt ihm etwas Positives mit, indem es zum Beispiel sagt:

„Ich freue mich auf die Schule, weil ich dann lesen und schreiben lernen kann!“

Dabei hält es kurz den Daumen nach oben. Das ausgewählte Kind zeigt nun, ob es gut zugehört hat. Denn es kann den Inhalt des Satzes wiedergeben und in etwa sagen:

„Du freust dich auf die Schule, weil du dann lesen und schreiben lernen kannst.“

Wurde der Inhalt richtig wiedergegeben, hält das erste Kind wieder den Daumen kurz nach oben. Ansonsten kann es das Kind inhaltlich korrigieren. Unabhängig davon geht es auf seinen Platz zurück. Das zweite Kind geht nun auf ein anderes zu, dem es genauso etwas Schönes mit erhobenem Daumen mitteilt. Dabei kann es zum Beispiel sagen:

„Ich freue mich auf die Schule, weil ich dann neue Freunde finden kann!“

Das nun ausgewählte Kind wiederholt das Gesagte und das andere Kind gibt ein Zeichen, ob das stimmt, bevor es an seinen Platz zurückgeht.
Das Spiel geht so immer weiter, bis alle an der Reihe gewesen sind.

WAS EMPFINDEST DU DABEI?

WAHRNEHMUNGSSPIEL

Dazu brauchen Sie **eine Kugel oder einen Stab, zum Beispiel aus Holz**

Die Kinder sitzen im Kreis beisammen und überlegen sich ein Erlebnis, das schön oder nicht so gut sein kann. Das können banale Dinge wie zum Beispiel ein lustiges Spiel mit Freunden oder ein kleines Missgeschick am Frühstückstisch sein.
Nun erhält ein Kind eine Kugel oder einen Stab und berichtet von einem schönen oder nicht so tollen Erlebnis. Es sagt aber vorher nicht, ob die Situation schön oder unangenehm war. Während die anderen Kinder der Erzählung gut zuhören, überlegen sie, ob das, was das Kind

erzählt, eher ein schönes oder ein nicht so tolles Erlebnis gewesen ist. Wenn es zu Ende erzählt hat, können die Kinder ihre Vermutungen äußern. Das Kind teilt der Gruppe mit, wie es sich tatsächlich in der beschriebenen Situation gefühlt hat.
Je nach Zeit, die Sie zur Verfügung haben, können nun noch alle anderen oder zwei bis drei weitere Kinder nacheinander jeweils ein Erlebnis der Gruppe erzählen.

SCHULTÜTENSTAFFEL

BEWEGUNGSSPIEL

Dazu brauchen Sie **zwei Schultüten und sechs Schulranzen o. Ä.**

Zu Beginn stellen Sie drei Schulranzen mit genügend Abstand zueinander in einer Reihe auf den Boden und mit genügend Abstand parallel daneben eine zweite Reihe von drei Schulranzen.
Die Kinder bilden zwei gleich große Gruppen. Sie stellen sich jeweils in einer Reihe hintereinander auf. Die ersten beiden Kinder aus jeder Gruppe erhalten von Ihnen jeweils eine Schultüte. Erzählen Sie den Kindern, dass es nun höchste Zeit für die Einschulung wird.
Auf Ihr Kommando „Auf zur Einschulung, fertig, los!“ laufen nun die ersten beiden Kinder mit der Schultüte in der Hand im Slalom um die einzelnen Schulranzen herum. Beim letzten Schulranzen angekommen, drehen sie sich um und laufen wieder im Slalom den gleichen Weg zurück. Danach übergeben sie ihre Schultüten an die vorderen Kinder ihrer Gruppe. Während nun die zweiten Kinder die gleiche Strecke zurücklegen, stellen sich die beiden ersten Läufer/innen ans hintere Ende ihrer Gruppe.

Die Gruppe, die am schnellsten wieder wie am Anfang hintereinander vor ihren Schulranzen steht, hat das Spiel gewonnen. Sollten beide Gruppen gleich schnell sein, können Sie das Spiel wiederholen oder es gibt zwei Gewinner.

KEIN TAG GLEICHT DEM ANDEREN

FINGERSPIEL

Indem die Kinder das folgende Fingerspiel durchführen, werden sie auch etwas über den Sinn und Zweck von Regeln erfahren:

„Schultage sind verschieden,
vier, fünf, sechs und sieben.

Beide Hände hochhalten. Ausgehend vom Daumen erst vier und dann nacheinander die drei weiteren Finger ausstrecken

Egal ob laut oder leise, still und bewegt,
ein paar Regeln helfen uns, dass das geht.

Mit allen Fingern zappeln, den Zeigefinger an den Mund legen, dann fröhlich winken

Halten sich alle Kinder in der Gruppe dran,
fängt auch pünktlich der Unterricht an.

Daumen hochhalten

Wenn du darauf achtgibst, dann lernst du was.
So macht das Miteinander Spaß!"

Auf die Kinder ringsherum deuten und schließlich den Daumen hochhalten

WO SIND DIE SCHULTÜTEN?

MUSIKSTOPPSPIEL

Dazu brauchen Sie **Tanzmusik, evtl. vier Markierungskegel**

Auf einem übersichtlichen Spielfeld, das Sie mithilfe von vier Markierungskegeln kennzeichnen können, verteilen sich alle Kinder und stemmen ihre Hände in die Hüften.
Zum Rhythmus der Musik bewegen sie sich ganz nach Belieben auf dem Spielfeld. Sobald Sie die Pausentaste des Abspielgeräts drücken, bleiben alle Kinder stehen und stellen eine

Schultüte dar, indem sie mit ihren Händen ein spitzes Dach über ihrem Kopf bilden. Die Kinder versuchen, dabei ganz ruhig zu stehen, so lange, bis die Musik wieder startet. Wer schafft es ohne zu wackeln?
Auf diese Weise folgen noch ein paar Durchgänge, bei denen die Kinder ihre Motorik und den Gleichgewichtssinn sowie ihre Reaktionsfähigkeit trainieren. Zudem üben sie, sich ganz bewusst auf eine Sache einzulassen und sich nicht von anderen Dingen ablenken zu lassen.

IM GLEICHEN RHYTHMUS

KLANGGESCHICHTE

Dazu brauchen Sie **für jedes Kind ein Rhythmusinstrument, zum Beispiel Rasseln, Klangstäbe und Holzblocktrommel, ein Kind oder mehrere Kinder spielen zudem eine Handtrommel**

Die Kinder sitzen im Kreis beisammen und erhalten von Ihnen jeweils ein Rhythmusinstrument. Während Sie nun den Text laut vorlesen, musizieren die Kinder wie angegeben dazu:

„Die Trommel fragt die anderen: ‚Wozu sind Regeln da?'

Trommeln

Wer jetzt Bescheid weiß, sagt ganz laut ‚Ja!'.

Alle übrigen Instrumente erklingen lassen

Wir spielen ‚Alle meine Entchen' gern.
Das hört sich gut an, von nah und fern.

Die Kinder singen „Alle meine Entchen" und spielen dazu mit ihren Instrumenten den Rhythmus

Die Trommel nickt, ‚das klingt toll!'
Wenn jeder anders spielt, wär's grauenvoll.

Trommeln

Drum laden wir dich zum Musizieren ein.
Gemeinsam im Takt klingt es einfach fein!"

Alle singen noch einmal „Alle meine Entchen" und spielen den Rhythmus mit ihren Instrumenten

SCHULTÜTEN-KREISTANZ

REAKTIONSSPIEL

Dazu brauchen Sie **eine Schultüte, Tanzmusik**

Die Kinder bilden einen Kreis. Ein beliebiges Kind erhält eine Schultüte. Danach schalten Sie die Tanzmusik ein. Zum Rhythmus der Musik wandert nun die Schultüte links im Kreis herum. Diejenigen Kinder, die noch auf die Schultüte warten, klatschen im Takt in die Hände. Immer wenn die Schultüte einmal im Kreis herumgereicht wurde, erhält die Gruppe als Team einen Punkt. Damit das gelingt, müssen die Kinder sich aufeinander einlassen und die Schultüte rasch und dennoch behutsam dem nächsten Kind übergeben. Machen Sie den Kindern an dieser Stelle auch bewusst, dass die Schultüte vor allem unbeschadet mehrmals im Kreis herumgereicht werden soll. Das geht so lange, bis die Musik beendet ist. Wie oft konnte die Schultüte von Hand zu Hand im Kreis herumgereicht werden?
Danach folgt eine weitere Spielrunde, jedoch gegen den Uhrzeigersinn. Wie oft wird wohl die Schultüte rechts im Kreis herumgereicht werden? Falls jetzt nicht so viele Punkte wie gewünscht erreicht wurden, dann sollten die Kinder sich nicht entmutigen lassen und das Spiel am besten gleich noch einmal probieren.

BRÜLLEN IST BLÖD

KOMMUNIKATIONSSPIEL

Alle Kinder bilden einen Kreis und setzen oder knien sich auf den Boden.
Miteinander überlegen sie, welche Verhaltensweisen anderen Menschen gegenüber nicht gut sind. Mögliche Antworten darauf können sein: anschreien, beißen, schlagen, boxen und treten. Danach fängt ein beliebiges Kind an und wendet sich seinem Nachbarskind zu. Dabei kann es zum Beispiel sagen:

„Treten finde ich blöd!“

Das angesprochene Kind wiederholt die Aussage, bevor es sich wiederum seinem anderen Nachbarskind zuwendet und dann zum Beispiel sagt:

„Den Vogel zeigen finde ich blöd!“

Das Kind wiederholt die Aussage und wendet sich wiederum an das nächste Kind. So geht es weiter, bis alle an der Reihe gewesen sind.

MEIN UND DEIN BEREICH

BEWEGUNGSSPIEL

Dazu brauchen Sie für jedes Kind einen Gymnastikreifen und Tanzschuhe, evtl. vier Markierungskegel

Für dieses Spiel können Sie ein überschaubares Spielfeld mithilfe von vier Markierungskegeln kennzeichnen. Die Kinder brauchen jeweils einen Gymnastikreifen. Miteinander verteilen sie sich auf dem Spielfeld und steigen in ihre Reifen, die sie dann waagerecht mit beiden Händen hüfthoch festhalten.
Zum Rhythmus der Musik tanzen alle Kinder mit ihren Reifen auf dem Spielfeld herum. Begegnen sich zwei Kinder, dann achten sie darauf, dass sie ihre Bereiche gegenseitig respektieren und sich somit nicht mit ihren Reifen berühren.
Können die Kinder so tanzen, bis die Musik beendet ist? Unabhängig davon findet auf die gleiche Weise dann noch eine weitere Tanzrunde statt.

1, 2, 3 UND WEG!

REAKTIONSSPIEL

Alle sitzen zusammen am Tisch und legen ihre Hände auf die Tischplatte.
Danach verläuft das Spiel so ähnlich wie das altbekannte Spiel „Ich hab gefischt", bei dem ein Kind mit einer Hand in der Luft über die Hände der anderen kreist. Im Gegensatz zum ursprünglichen Spiel sagt es dann:

„Im Sport spielen wir Fangen!
1, 2, 3 und weg!"

Kaum ist der Satz beendet, ziehen alle ihre Hände ganz schnell vom Tisch.
Die Kinder, die vom Fänger nicht erwischt wurden, haben gewonnen. Der erste Fänger wählt eines der betreffenden Kinder aus, das nun an seiner Stelle die nächste Spielrunde starten darf.
Auf diese Weise finden noch ein paar Durchgänge statt.

WIR SCHAFFEN DAS!

MUSIKSTOPPSPIEL

Dazu brauchen Sie **Tanzmusik, für jede Gruppe ein Notizblatt und einen Stift, evtl. vier Markierungskegel**

Die Kinder bilden zwei bis drei gleich große Gruppen in einem überschaubaren Spielfeld, das Sie mithilfe von vier Markierungskegeln kennzeichnen können. Die Kinder aus jeder Gruppe stellen sich hintereinander auf und fassen sich an den Schultern.
Zum Rhythmus der Musik führt stets das vorderste Kind in der Schlange seine Gruppe durch den Raum. Das geht so lange, bis die Musik stoppt. Daraufhin bleiben alle Gruppen stehen. Welche Gruppe schafft es, wie versteinert so lange stehen zu bleiben, bis Sie bis zehn gezählt haben? Eine oder gar mehrere Gruppen, die das schaffen, erhalten jeweils einen Punkt, den sie auf das speziell für ihre Gruppe vorgesehene Notizblatt malen.
Auf diese Weise folgen noch weitere Spielrunden. Die Gruppe, die am Schluss die höchste Punktzahl hat, gewinnt das Spiel.

KAPITEL 6

MEINE ZAHLEN- UND FORMENWELT

Mathematische Grunderfahrungen machen und die Merkfähigkeit verbessern

Mathematik begegnet Kindern im Alltag überall: beim Sortieren der Spielsachen, beim Bezahlen mit den Eltern an der Kasse oder anhand von geometrischen Formen beim Turmbau sowie bei den Verkehrsschildern auf dem Weg zur Schule. Neben diesen und anderen frühen mathematischen Alltagserfahrungen haben Kinder bereits vor dem Schuleintritt viel Spaß daran, sich auf verspielte Weise mit Zahlen, Formen, Farben & Co. zu befassen. Kann diese Motivation und das Interesse noch verstärkt werden, steht dem Spaß im späteren Mathematikunterricht nichts mehr im Wege.

Im Folgenden lernen die Kinder am Tisch, im Stuhlkreis oder einfach in Bewegung mathematische Prinzipien kennen. Dabei orientieren sie sich im Spiel räumlich, ordnen Zahlen einer bestimmten Menge zu oder geometrische Grundformen nach bestimmten Eigenschaften.

WIE VIELE KINDER WINKEN?

WAHRNEHMUNGSSPIEL

Alle Kinder befinden sich im Stuhlkreis. Begrüßen Sie nun bis zu fünf Kinder namentlich, die dann anfangen zu winken. Die übrigen Kinder versuchen so schnell wie möglich herauszufinden, wie viele Kinder gerade winken. Eines der Kinder, das besonders schnell mit den Fingern die gesuchte Anzahl an Kindern anzeigt und die dazu passende Zahl benennt, kommt zu Ihnen und nennt nun anstelle von Ihnen bis zu fünf Kinder beim Namen, die dann winken.
Auf diese Weise finden noch ein paar Spielrunden statt.

SECHSMAL DEN BALL …

BEWEGUNGSSPIEL

Dazu brauchen Sie **einen Softball**

Die Kinder stehen zusammen im Kreis. Ein Kind erhält von Ihnen einen Softball und stellt sich in die Kreismitte. Dort darf es sechsmal den Ball in die Luft werfen und wieder auffangen. Die übrigen Kinder zählen laut mit und sind gespannt, ob das Vorhaben klappt oder nicht. Unabhängig davon wählt es dann ein anderes Kind aus, mit dem es den Platz tauscht.
Das betreffende Kind vollführt mit dem Ball eine andere kleine Übung, zum Beispiel kann es den Ball auf eine Handfläche legen und sich so sechsmal um die eigene Achse drehen. Die Kin-

der zählen dieses Mal jede Umdrehung mit und sind wieder gespannt, ob der Ball auf der Hand liegen bleibt.
Danach tauscht das Kind mit einem anderen Kind den Platz, das zum Beispiel mit dem Ball, den es zwischen die Oberschenkel klemmt, sechsmal in die Luft springen kann. Dabei zählen alle Kinder wieder eifrig mit.
Auf diese Weise finden noch ein paar Spielrunden statt, bei der stets ein Kind mithilfe des Balles sechsmal eine bestimmte Aufgabe zu erledigen hat.
Die Übungen können Sie den einzelnen Kindern nennen oder die Kinder im Außenkreis nennen dem Kind in der Mitte eine Aufgabe.

Weitere Beispiele
Sechsmal …
- den Ball von einem Fuß zum anderen kicken,
- Kniebeugen machen und dabei den Ball mit beiden Händen festhalten,
- den Ball mit gestreckten Armen über dem Kopf von links nach rechts und umgekehrt bewegen.

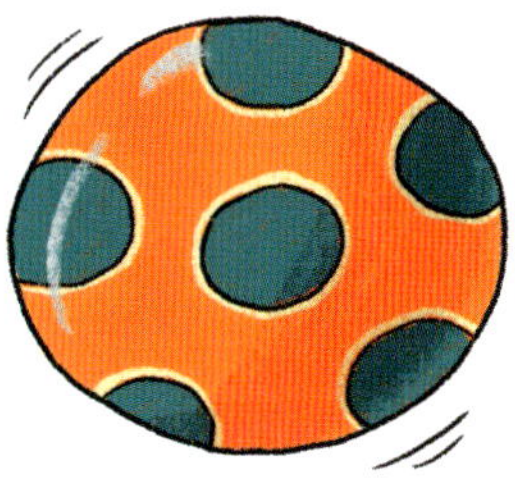

AUF ZEHN GEHT'S LOS!

WAHRNEHMUNGSSPIEL

Dazu brauchen Sie **ein großes blickdichtes Tuch, Utensilien für das Federmäppchen, die für jedes Kind jeweils sechsmal vorhanden sind, zum Beispiel Buntstifte, Wachsmalstifte, Radiergummis, Lineale und Anspitzer**

Zu Beginn legen Sie alle Utensilien für das Federmäppchen auf den Boden und verdecken sie mit einem blickdichten Tuch. Die Kinder knien sich um das Tuch herum und sind gespannt, welche Aufgabe nun erfolgt.
Auf Ihr Kommando hin ertasten alle Kinder jeweils eine bestimmte Anzahl einer Sache, zum Beispiel drei Wachsmalstifte, unter dem Tuch und holen diese, sobald Sie ganz langsam bis zehn gezählt haben, hervor.
Wem ist es gelungen, drei Wachsmalstifte zu ertasten? Eines der Kinder ist nun an der Reihe und stellt eine neue Aufgabe, nachdem alle Stifte wieder unter das Tuch gelegt wurden. Dabei kann es die Kinder zum Beispiel bitten, jeweils zwei Radiergummis unter dem Tuch zu ertasten und diese bei zehn hervorzuholen.
Auf diese Weise finden noch ein paar Spielrunden zum Tasten und Erfühlen statt, bei denen es letztendlich auch immer auf die gesuchte Menge ankommt.

AUF, VOR ODER HINTER DEN STÜHLEN?

BEWEGUNGSSPIEL

Dazu brauchen Sie **Tanzmusik**

Die Kinder bilden einen großzügigen Stuhlkreis. Zum Rhythmus der Musik laufen alle der Reihe nach im Slalom zwischen den Stühlen links im Kreis herum. Das geht so lange, bis die Musik stoppt und Sie ein Kind benennen, das eine Anweisung geben darf, zum Beispiel:

„Ruckzuck stehen alle vor den Stühlen!“

Stehen alle vor jeweils einem Stuhl im Innenkreis, heben sie den Daumen hoch. Danach folgt eine neue Spielrunde, bei der ein anderes Kind beim Musikstopp ein neues Kommando erteilt, zum Beispiel:

„Ruckzuck sitzen alle auf ihren Stühlen!“

Sobald wieder alle auf ihren Stühlen sitzen, heben sie erneut ihren Daumen hoch. Auf diese Weise folgen noch weitere Spielrunden.

WIE LAUTET DIE ZAHL?

REAKTIONSSPIEL

Dazu brauchen Sie **eine Wachsmalkreide, eine weiße Papierrolle, jede Menge Klebepunkte, evtl. eine Schere und Klebestreifen**

Die Kinder sitzen auf dem Boden. Schneiden Sie ein Stück von der weißen Papierrolle ab und befestigen Sie es mit etwas Klebestreifen auf dem Boden. Sobald ein Kind, das gerne möchte, eine Zahl von 1 bis 6 auf das Papier schreibt, versuchen die anderen, die Zahl zu erkennen. Sollte das der Gruppe gelingen, bevor die Zahl vollständig zu erkennen ist, hat die Gruppe die Spielrunde gewonnen. Dafür erhält die Gruppe einen Klebepunkt.
Nun schreibt ein anderes Kind auf die gleiche Weise eine weitere Zahl auf das Papier, die nun die Gruppe herausfinden soll.
Nach ein paar Spielrunden zählt die Gruppe ihre Klebepunkte. Wenn die Gruppe für mehr als die Hälfte der Spielrunden jeweils einen Klebepunkt erhalten hat, gewinnt die Gruppe das Spiel.

NACHFOLGER GESUCHT

GEDÄCHTNISSPIEL

Alle Kinder sitzen im Kreis beisammen. Ein Kind stellt sich in die Kreismitte und zählt nacheinander bis zu neun Kinder im Kreis herum ab. Dabei deutet es bei jeder Zahl auf die einzelnen Kinder. Sobald es zum Beispiel beim fünften Kind aufhört zu zählen, darf das sitzende Kind sagen, wie die nachfolgende Zahl heißt, die in diesem Fall „sechs“ lautet. Konnte das Kind die richtige Antwort geben, darf es die Rolle in der Mitte übernehmen und auf die gleiche Weise mit dem Abzählen anfangen.

Das Spiel geht so lange weiter, bis möglichst alle Kinder zumindest einmal den Nachfolger einer Zahl benennen durften und damit in die Mitte konnten.

Nach ein paar Spielrunden können die Kinder dann auf die gleiche Weise den Vorgänger einer Zahl benennen.

EINE MENGE TIERE

BEWEGUNGSSPIEL

Dazu brauchen Sie **Tanzmusik, evtl. vier Markierungskegel**

Auf einem überschaubaren Spielfeld, das Sie mithilfe von vier Markierungskegeln kennzeichnen können, verteilen sich alle Kinder.
Währenddessen schalten Sie die Tanzmusik ein. Die Kinder stellen nun Tiere, zum Beispiel Kühe, dar, die im Takt auf der Weide beziehungsweise auf dem Spielfeld kreuz und quer laufen. Das geht so lange, bis Sie die Musik stoppen und Folgendes sagen:

„Auf der Weide sind viele Kühe zu sehen.
Zu viert können nun alle in ihren Stall gehen."

Daraufhin sollen die Kinder 4er-Gruppe bilden und sich zu viert auf den Boden knien. Wurde die Aufgabe richtig gelöst, schalten Sie erneut die Musik ein. Danach spielen die Kinder Pferde, Schafe oder andere Tiere, die sich auf der Weide tummeln, bis Sie wieder die Musik anhalten und eine Anzahl von Tieren beziehungsweise Kindern benennen, die sich zusammenfinden. Auf diese Weise finden noch ein paar Spielrunden statt.

ZAHLEN-PLATZWECHSEL

GEDÄCHTNISSPIEL

Alle Kinder bilden einen Stuhlkreis. Ein Kind stellt sich in die Kreismitte und deutet auf zwei bis sechs Kinder, die es auch namentlich benennt.
Die betreffenden Kinder warten ab, bis das Kind passend zu der Anzahl von ausgewählten Kindern zum Beispiel Folgendes sagt:

„Ruckzuck wechseln … (Anzahl der Kinder benennen) ihre Plätze."

Daraufhin tauschen die betreffenden Kinder ihre Plätze. Das Kind in der Mitte sucht sich ebenfalls rasch einen freien Platz aus. Das Kind, das dann keinen freien Stuhl finden konnte, startet auf die gleiche Weise eine neue Spielrunde. Das Spiel wird so noch ein paarmal fortgesetzt.

ZAHLEN HÜPFEN

BEWEGUNGSSPIEL

Alle Kinder bilden einen Kreis und ein Kind darf in die Kreismitte. Nun nennen Sie eine Zahl von 1 bis 6 und das Kind in der Mitte hüpft passend dazu ein- oder mehrmals in die Luft. Die übrigen Kinder zählen jeden Sprung leise mit und heben am Schluss den Daumen in die Luft, falls sie der Ansicht sind, dass das Kind passend gehüpft ist.
Das Kind in der Mitte tauscht nun mit einem anderen Kind, das es namentlich aufruft, den Platz und das Spiel beginnt von vorn.
Auf diese Weise geht's so lange weiter, bis alle Kinder zumindest einmal in der Kreismitte waren und mehrmals in die Luft springen konnten.

WIR ADDIEREN BIS ZEHN

FINGERSPIEL

„Eins und zwei, drei und vier.
Zwei plus zwei ist gleich vier.

Erst den Daumen, dann den Zeigefinger und
schließlich den Mittel- und Ringfinger ausstrecken

Fünf, sechs, sieben und acht.
Vier plus vier ist gleich acht.

Danach den kleinen Finger und schließlich
den Daumen, Zeige- und Mittelfinger der anderen Hand ausstrecken

Neun und dann kommt die Zehn.
Acht plus zwei ist gleich zehn."

Nacheinander die übrigen beiden Finger ausstrecken
und somit alle zehn Finger in der Luft zappeln lassen

KENNST DU SCHON DIE FORM?

WAHRNEHMUNGSSPIEL

Dazu brauchen Sie **ein paar Bauklötze, Kieselsteine o. Ä.**

Die Kinder bilden einen Stuhlkreis. Ein Kind beginnt und legt mithilfe der Bauklötze eine geometrische Grundform (Kreis, Dreieck, Quadrat oder Rechteck) in der Kreismitte.
Die anderen Kinder sollen herausfinden, wie die gelegte Form heißt. Ein Kind, das besonders rasch die Antwort weiß, darf in die Kreismitte treten, um von dort aus entweder die gleiche oder eine neue geometrische Grundform mithilfe der Bauklötze zu legen.
Sobald jedoch möglichst alle Kinder die vier Formen kennen und voneinander unterscheiden können, ist das Wahrnehmungsspiel beendet.

WIE VIELE KINDER SIND IM KREIS?

REAKTIONSSPIEL

Dazu brauchen Sie **jede Menge Klebepunkte o. Ä.**

Für das folgende Spiel ist es gut, wenn die Kinder schon ein bisschen rechnen können.
Laden Sie die Kinder dann zu kleinen Rechenaufgaben ein, indem Sie zum Beispiel auf zwei Kinder deuten und dabei „zwei" sagen. Daraufhin laufen beide Kinder in den Innenkreis. Indem Sie nun zum Beispiel „plus eins!" rufen und auf ein weiteres Kind deuten, das in Richtung Innenkreis läuft, können die anderen bereits das Ergebnis der Rechenaufgabe auf einen Blick sehen. Wer jetzt besonders schnell weiß, dass das Ergebnis „drei!" lautet, erhält von Ihnen einen Klebepunkt.
Danach folgt eine weitere Spielrunde. Sie können dann zum Beispiel erst ein Kind und dann drei Kinder in den Innenkreis bitten.
Auf diese Weise können noch ein paar Rechenaufgaben im Zahlenraum bis Fünf erfolgen.

AUF DER SUCHE NACH ETWAS KLEINEREM

WAHRNEHMUNGSSPIEL

Bei diesem Spiel kommt es auf Schnelligkeit und das sichere Einschätzen von Größen an.
Zu Beginn halten Sie einen Gegenstand in die Höhe und bei „Los!“ suchen die Kinder zusammen im Raum ein kleineres Spielzeug als das, was Sie in den Händen halten oder auf einen Tisch stellen. Das kann zum Beispiel ein Spielzeugauto oder gar ein Puzzleteil sein. Konnten die Kinder sich auf etwas Bestimmtes einigen, können sie die Größen der beiden Sachen vergleichen. Wurde die Aufgabe richtig gelöst, findet eine neue Spielrunde statt. Ansonsten machen sie sich erneut auf die Suche nach einem kleineren Spielzeug.
In der zweiten Spielrunde platzieren Sie dann ein großes Spielzeug auf dem Tisch. Auf Ihr Kommando hin halten die Kinder nun nach einem größeren Spielzeug Ausschau. Zur Kontrolle vergleichen sie wieder die beiden Sachen miteinander.
In der dritten und letzten Spielrunde machen die Kinder sich nach dem gleichen Prinzip auf die Suche nach einem dickeren Buch oder kürzeren Stift. Dementsprechend legen Sie dann ein dünnes Buch oder einen langen Bleistift auf den Tisch.

REIHEN BILDEN

WAHRNEHMUNGSSPIEL

Dazu brauchen Sie **jede Menge Murmeln o. Ä., drei verschiedene Utensilien für die Federmappe, die mehrfach vorhanden sind, zum Beispiel Bleistifte, Anspitzer und Radiergummis**

Die Kinder sitzen am Tisch, auf dem Sie die Utensilien für die Federmappe platzieren. Danach legen Sie zum Beispiel einen Bleistift, einen Anspitzer, einen Radiergummi, einen Bleistift und einen Anspitzer in eine Reihe. Wer weiß wohl, wie die logische Reihe fortgesetzt wird? Die Kinder teilen nacheinander ihre Antwort laut mit, die in diesem Fall „Radiergummi!“ heißt. Zur Kontrolle legt ein beliebiges Kind den Radiergummi neben den Anspitzer. Die Kinder, die die korrekte Antwort geben konnten, erhalten von Ihnen jeweils eine Murmel.
Im Anschluss daran fragen Sie die Kinder, welche der übrigen Sachen sie danach nehmen würden, um die logische Reihe fortzusetzen. Ein Kind kann nun den richtigen Gegenstand, in diesem Fall den Bleistift, anlegen. Wer die richtige Antwort wusste, erhält von Ihnen jeweils wieder eine Murmel.

Auf diese Weise wird von den Kindern die logische Reihe so lange fortgesetzt, bis alle dafür zur Verfügung stehenden Utensilien verwendet wurden.
In der nächsten Spielrunde darf dann eines der Kinder mithilfe der Sachen eine logische Reihe legen, die dann alle übrigen Kinder genauso fortsetzen.
Auf diese Weise können noch ein paar Spielrunden stattfinden.

ZAHLEN- UND MENGENTANZ

WAHRNEHMUNGSSPIEL

Dazu brauchen Sie bis zu zwanzig unbedruckte Kärtchen, einen Stift, Tanzmusik

Je nachdem, wie viele Kinder mitspielen, schreiben Sie auf je ein Kärtchen eine Zahl von 1 bis 10 und malen auf eine weitere Karte die entsprechende Augenzahl wie bei einem Würfel.

Die Kinder bilden Paare. Jedes Paar erhält ein Kärtchen, auf dem eine bestimmte Zahl von 1 bis 10 steht, während auf dem anderen das dazu passende Würfelbild gemalt ist. Jedes Kind hat nun ein Kärtchen in der Hand.
Zum Rhythmus der Musik tanzen alle durch den Raum. Begegnen sich zwei Kinder, tauschen sie ihre Kärtchen miteinander aus. Das geht so lange, bis die Musik stoppt. Daraufhin bleiben alle Kinder stehen, um auf ihre Karte zu schauen. Nun gilt es, den oder die Partnerin zu finden, also das Kind mit der Zahl/Würfelzahl, die auf der eigenen Karte abgebildet ist.
Erst wenn alle die Aufgabe richtig lösen konnten, findet eine neue Tanzrunde statt, bei der die Kinder wieder unterwegs ihre Kärtchen tauschen.

KAPITEL 7

IM TAKT UND GESUND BLEIBEN

Das Rhythmusgefühl, die Motorik und den Gleichgewichtssinn stärken sowie Entspannung erleben

Singen, Tanzen und Bewegen machen fröhlich, steigern das Wohlbefinden, stärken die Abwehrkräfte und die Atmung. Zudem können Töne und Klänge einfach guttun. Das Rhythmusgefühl, die Motorik und der Gleichgewichtssinn werden gestärkt, Glückshormone ausgeschüttet und Stresshormone abgebaut.
Die nachfolgenden Praxisideen mit Musik und Bewegung machen einfach Spaß und stärken die körperliche Entwicklung sowie die geistige Ausgeglichenheit der Kinder. Dabei werden die Stimme, der eigene Körper oder Rhythmusinstrumente eingesetzt.
Auf diese Weise erleben die Kinder intensiv die Musik, machen verschiedene Raumerfahrungen und entwickeln möglicherweise den Wunsch, selbst ein Instrument zu erlernen. Hinzu kommen Entspannungspausen mit Klängen oder Musik, die eine angenehme Erholung bringen. Sie tragen dazu bei, dass die Kinder sich wieder konzentriert auf neue Aufgaben einlassen können.

SCHULE AUS

ENTSPANNUNGSSPIEL

Dazu brauchen Sie eine Klangschale

Schule aus! Alle Kinder laufen auf einem Spielfeld umher, bis Sie die Klangschale anschlagen. Nun kommen die Kinder nach Hause beziehungsweise in einem Kreis zusammen und setzen sich im Schneidersitz auf den Boden. Sie atmen einmal tief durch und können ihren Kopf zur Seite neigen, als ob sie schlafen würden. Nun schlagen sie wieder an die Klangschale und die Kinder können einfach dem Ton nachlauschen, bis er verklungen ist.
Können sie spüren, wie sie ruhig und entspannt werden? Möchten sie anschließend beschreiben, was sie gefühlt oder gehört haben?
Haben die Kinder noch nicht genug von der Ruhephase? Dann kann als Nächstes auch ein Kind die Klangschale anschlagen.

MEIN NEUER TAGESABLAUF

BEWEGUNGS- UND RUHESPIEL

Dazu brauchen Sie eine Handtrommel und eine Klangschale, für jedes Kind eine Matte

Alle Kinder verteilen ihre Matten im Raum. Zum Rhythmus des schnellen Trommelspiels laufen alle Kinder kreuz und quer zwischen den Matten herum. Erzählen Sie den Kindern dabei, was es tagsüber als Schulkind so alles zu tun gibt, zum Beispiel ein Pausenbrot einpacken, sich auf den Schulweg machen, Freunde in der Schule treffen, miteinander spielen, voneinander und miteinander lernen. Indem Sie immer langsamer trommeln, wird den Kindern bewusst gemacht, dass allmählich der Schultag zu Ende geht. Zu Hause angekommen, können sie schließlich zur Ruhe kommen. Jedes Kind legt sich mit dem Rücken auf eine freie Matte und macht es sich gemütlich. Dabei lassen Sie immer wieder die Klangschale erklingen. Nach einer Weile bitten Sie die Kinder, Fäuste zu bilden und sie wieder zu öffnen. Sie recken und strecken sich ausgiebig und stehen schließlich frisch und munter über die Seitenlage auf.

TIERSCHULE

REAKTIONSSPIEL

Dazu brauchen Sie einen Gong

Das Spiel verläuft so ähnlich wie das altbekannte Spiel „Der Lehrer schreibt an die Tafel", bei dem ein Kind sich mit dem Gesicht zur Wand stellt. Die übrigen Kinder stellen sich mit dem Rücken an die gegenüberliegende Wand. Das Kind holt sich einen Gong und denkt sich nun ein Tier aus, zum Beispiel einen Elefanten. Passend dazu sagt es dann:

„Alle großen und kleinen Elefanten kommen jetzt dran.
Laufen zur Elefanten-Schule. Der Unterricht fängt an!"

Danach fassen sich alle Kinder mit einer Hand an die Nase und stecken den Unterarm durch den entstandenen Ring, sodass ein Elefantenrüssel entsteht.
Erklingt der Gong, wollen die „Elefanten" so schnell wie möglich das Kind erreichen. Sobald jedoch der Gong verklungen ist, dreht sich das Kind um. Daraufhin bleiben alle Kinder wie versteinert stehen. Sollte jedoch das Kind eines oder mehrere Kinder erwischen, die sich noch bewegen, dann schickt das Kind die betreffenden Kinder wieder auf ihren Ausgangsplatz zurück. Danach dreht es sich wieder um und lässt dann erneut den Gong erklingen.
Die Spielrunde ist beendet, sobald ein Kind das Ziel erreicht hat.
Es tauscht mit dem Kind den Platz und das Spiel fängt genauso von vorne an. Dabei kann das Kind jetzt eine andere Tierart benennen, indem es zum Beispiel sagt:

„Alle kleinen und große Frösche kommen jetzt dran.
Springen zur Frosch-Schule. Der Unterricht fängt an!"

Auf diese Weise finden noch ein paar Spielrunden statt.

KREATIVE LÖSUNGSWEGE

RUHIGES BEWEGUNGSSPIEL

Dazu brauchen Sie **eine Klangschale**

Die Kinder sitzen zusammen im Stuhlkreis. Erzählen Sie den Kindern, dass sie später in der Schule Aufgaben alleine oder gemeinsam mit anderen Kindern lösen. Wie sie auf verschiedenen Wegen etwas lösen können, verdeutlicht das folgende Spiel.

Zu Beginn wählt ein Kind ein anderes aus. Im Verlauf des Spiels geht nun jeweils das eine Kind zum ausgewählten Partner. Dabei gilt es, nicht einfach durch die Kreismitte zu laufen, sondern auf kreative Weise um die Stühle herum.
Erklingt die Klangschale, geht es los. Die Kinder können nun ganz gemächlich im Slalom, auf Zehenspitzen oder rückwärts entlang des Außenkreises zum Partner/zur Partnerin schleichen. Dabei kommt es nicht auf die Geschwindigkeit an und der Fantasie sind keine Grenzen gesetzt. Sobald jedes Kind sein Ziel erreicht hat, geht es wieder auf seinen Platz zurück, sodass das zuvor ausgewählte Kind auf die gleiche Weise eine neue Spielrunde starten kann, indem es sich genauso auf den Weg zu seinem Partnerkind macht.

AUF DIE MATTE, LOS!

REAKTIONSSPIEL

Dazu brauchen Sie **drei bis vier Turnmatten, Tanzmusik**

Je nachdem, wie viele Kinder mitspielen, verteilen Sie drei bis vier Turnmatten im Raum, die nicht zu nah beieinander platziert sein sollten. Danach schalten Sie die Tanzmusik ein.
Zum Rhythmus der Musik laufen nun alle Kinder um die einzelnen Matten herum. Das geht so lange, bis die Musik stoppt. Daraufhin springen alle Kinder so schnell wie möglich auf eine Matte und hüpfen auf der Stelle. Ein Kind, das besonders schnell auf einer Matte war, darf als nächstes die Musik bedienen. Es eröffnet eine neue Spielrunde und denkt sich etwas aus, was die Kinder beim Stopp machen, zum Beispiel um die Matten auf allen vieren krabbeln, auf Zehenspitzen gehen oder gar rückwärtsgehen.
Die Kinder führen so noch ein paarmal das Spiel durch.

SCHULSACHEN BEGUTACHTEN

TANZSPIEL

Dazu brauchen Sie **für jedes Kind etwas Kleines, das sie in der Schule gut gebrauchen können, zum Beispiel einen Bleistift, einen Radiergummi, einen Anspitzer, ein Lesebuch oder ein Rechenheft, Tanzmusik**

Die Kinder bilden einen Kreis und setzen sich dann eng beisammen im Schneidersitz auf den Boden.
Jedes Kind erhält von Ihnen etwas Schönes für die Schule. Die Kinder zeigen der Reihe nach im Uhrzeigersinn ihre Gegenstände und sagen dazu, wie der Gegenstand heißt und wozu sie diesen vermutlich in der Schule gut gebrauchen können. Falls jedoch ein Kind nicht so richtig Bescheid weiß, können die übrigen Kinder im Kreis weiterhelfen.
Im Anschluss daran schalten Sie die Musik ein. Die Kinder dürfen nun im Takt die Sachen in der Luft bewegen. Stoppt die Musik, geben alle ihre Sachen einen Platz links im Kreis herum.
Auf diese Weise geht's immer weiter, bis alle Kinder wieder ihre ursprünglichen Sachen in den Händen halten.

ALLES, WAS FRÖHLICH MACHT

SINGSPIEL

Alle Kinder sitzen im Stuhlkreis beisammen und singen das altbekannte Lied „Froh zu sein bedarf es wenig“, dessen Text folgendermaßen lautet:

„Froh zu sein bedarf es wenig
und wer froh ist,
ist ein König.“

Während sie singen, schwingen sie im Takt mit ihren Armen auf und ab. Kaum ist das Lied beendet, können sie kurz innehalten und darüber nachdenken, was sie während ihrer Kindergartenzeit fröhlich gemacht hat oder worauf sie sich jetzt schon im Hinblick auf die Schule freuen. Die Kinder, die sich dazu äußern möchten, kommen der Reihe nach zu Wort. Das können ganz banale Dinge sein wie zum Beispiel der Morgenkreis, bestimmte Festivitäten, eine Schultüte basteln, das Spielen mit Freunden auf dem Pausenhof oder einfach die Tatsache, bald eingeschult zu werden.

TIPP Wenn die Kinder möchten und können, können sie ihre Vorstellungen auch singend vortragen und die Gruppe wiederholt die so neu ausgedachte Strophe. So können Sie gemeinsam das Lied weiterdichten und die Kinder ihrer Vorfreude musikalisch Ausdruck verleihen.

SCHULTAUSCHBÖRSE

TANZSPIEL

Dazu brauchen Sie **Tanzmusik, für drei bis vier Kinder jeweils denselben Gegenstand aus dem Federmäppchen, zum Beispiel jeweils einen Radiergummi, Bleistift oder Anspitzer, evtl. vier Markierungskegel**

Auf einem übersichtlichen Spielfeld, das Sie mithilfe von vier Markierungskegeln kennzeichnen können, bilden die Kinder drei bis vier Kleingruppen. Die Kinder aus jeder Gruppe bekommen den gleichen Gegenstand.

Zum Rhythmus der Musik tanzen nun alle Kinder einzeln auf dem Spielfeld herum. Begegnen sich zufällig zwei Kinder, tauschen sie ihre Sachen untereinander aus. Das geht so lange, bis alle Kinder zumindest einmal alle Gegenstände, die im Umlauf sind, in der Hand halten konnten oder die Musik beendet ist. Zwischendurch können die Kinder sich auch einhaken und so miteinander tanzen.

WER WILL FLEISSIGE KINDER SEH'N ...

RATESPIEL

Dazu brauchen Sie einen Pinsel

Die Kinder bilden einen Kreis. Ein Kind holt sich einen Pinsel.
Zur Melodie des Liedes „Wer will fleißige Handwerker seh'n" singen alle die folgenden leicht geänderten Liedzeilen:

„Wer will fleißige Kinder seh'n,
der muss in die Schule geh'n."

Dabei reichen sie den Pinsel im Takt links im Kreis herum. Das Kind, das am Ende den Pinsel in den Händen hält, darf damit zum Beispiel einen Kreis, ein Dreieck, einen Strich, eine Schleife oder gar eine liegende Acht in die Luft zeichnen. Die übrigen Kinder ahmen alles mit dem Zeigefinger nach und versuchen das Ganze dann zu erraten. Wurde das Rätsel geknackt, fängt eine neue Spielrunde mit den fleißigen Schulkindern an.
So geht's immer weiter, bis Sie schließlich das Spiel beenden.

WER MÖCHTE DAS ORCHESTER LEITEN?

KLANGGESCHICHTE

Dazu brauchen Sie **Tanzmusik, für jedes Kind ein Rhythmusinstrument wie zum Beispiel Holzblocktrommeln, Klangstäbe und Rasseln**

Alle Kinder holen sich jeweils ein Rhythmusinstrument und bilden einen Kreis. Während Sie nun die Geschichte vorlesen, machen die Kinder Musik dazu:

„Wir freuen uns auf die Schule sehr!
Jeden Tag sogar ein bisschen mehr!

Die Rhythmusinstrumente immer lauter erklingen lassen

Lesen, rechnen, musizieren bringt Freude.
Darauf freuen sich bereits alle kleinen Leute!

Alle Rhythmusinstrumente ganz laut erklingen lassen

Dann lasst uns einfach mal ein Lied begleiten.
Wer von euch möchte das Orchester leiten?"

Nun machen Sie die Musik an und eines der Kinder kann den Dirigenten oder die Dirigentin spielen, solange die Musik erklingt. Alle übrigen Kinder können die Musik mithilfe ihrer Rhythmusinstrumente begleiten.

ZAHLEN-TROMMELTANZ

REAKTIONSSPIEL

Dazu brauchen Sie **Tanzmusik**

Alle Kinder stehen im Kreis und stemmen ihre Hände in die Hüften. Zur Musik gehen alle im Uhrzeigersinn herum und drehen sich dabei um die eigene Achse. Das geht so lange, bis die Musik stoppt. Je nachdem, ob Sie ein, zwei, drei, vier oder gar fünf Finger in die Luft heben, klatschen die Kinder genauso oft miteinander in die Hände. Danach setzt die Musik wieder ein, sodass alles von vorne anfängt.
Auf diese Weise kann der Zahlentanz ganz nach Belieben fortgeführt werden, bei dem dann auch jedes Mal ein anderes Kind die Stopptaste drücken und bis zu fünf Finger in die Luft heben darf.

ALLES HÖRT AUF MEIN KOMMANDO!

TANZ- UND GESCHICKLICHKEITSSPIEL

Dazu brauchen Sie Tanzmusik

Alle Kinder stehen zusammen in einem großzügigen Kreis. Ein Kind beginnt und sagt:

„Hallo! Ich bin der Tanzlehrer/die Tanzlehrerin und somit dran.
Alles hört auf mein Kommando! Ich fange sofort an!“

Daraufhin schalten Sie die Tanzmusik ein. Das Kind, das den Tanzlehrer oder die Tanzlehrerin spielt, kann nun im Takt der Musik zum Beispiel klatschen, auf den Boden stampfen, mit den Händen auf die Oberschenkel patschen oder gar die Hände in die Hüften stemmen und dabei abwechselnd mit den Füßen in Richtung Kreismitte kicken. Es kann auch eine lustige Übung vormachen, zum Beispiel auf Zehenspitzen laufen, auf einem Bein hüpfen oder im Liegen mit beiden Beinen in der Luft Fahrrad fahren. Alle anderen Kinder machen die Bewegungen nach.

Das geht so lange, bis Sie die Pausentaste des Abspielgeräts drücken. Wer steht beim Musikstopp am schnellsten auf einem Bein? Der Tanzlehrer/die Tanzlehrerin sucht ein Kind aus, das besonders schnell war. Es ist nun als nächstes Tanzlehrer/in und setzt das Spiel fort, sobald die Musik wieder erklingt. Auf diese Weise geht das Spiel weiter, bis die Musik beendet ist.

JETZT GEHT'S RUNDHERUM

GESCHICKLICHKEITSSPIEL

Dazu brauchen Sie **für jedes Kind einen Gymnastikreifen, Tanzmusik, eine Stoppuhr oder eine Uhr mit Sekundenzeiger**

Die Kinder holen sich Gymnastikreifen, die sie kreisförmig so anordnen, dass sie von Reifen zu Reifen springen können.
Schalten Sie nun die Musik ein. Die Kinder stellen sich hintereinander im Uhrzeigersinn auf und springen mit geschlossenen Beinen von Reifen zu Reifen so lange im Kreis herum, bis Sie die Pausentaste des Abspielgeräts drücken. Daraufhin darf jedes Kind auf seinem Reifen einmal links oder rechts herum balancieren. Sobald ein Kind fertig ist, stellt es sich blitzschnell in den Reifen. Erst wenn alle im Reifen stehen, stoppen Sie die Zeit.
Danach folgt eine neue Spielrunde, bei der die Kinder am Ende noch schneller in ihren Reifen stehen sollen. Falls das nicht gelingen sollten, wiederholen sie einfach noch einmal das Spiel.

WER TAUCHT AM LÄNGSTEN?

KLANG- UND GLEICHGEWICHTSSPIEL

Dazu brauchen Sie für mehrere Kinder jeweils ein Rhythmusinstrument wie zum Beispiel Klangstäbe, Handtrommeln und Rasseln

Ein paar Kinder erhalten Rhythmusinstrumente. Alle anderen Kinder stellen sich in einem großzügigen Kreis hintereinander auf. Während Sie nun alle gemeinsam das Lied „Alle meine Entchen" singen, spielt die eine Gruppe mit den Instrumenten dazu, während die anderen Kinder im Kreis herumgehen und dabei mit ihren Armen Schwimmbewegungen machen.

„Alle meine Entchen
|: schwimmen auf dem See :|
Köpfchen in das Wasser
Schwänzchen in die Höh'."

Kaum ist das Lied beendet, bleiben alle Kinder im Kreis stehen, stellen sich auf die Zehenspitzen und strecken ihre Arme weit nach oben. Sie zählen langsam bis zehn. Können die Kinder in ihrer Position verharren?
Danach wird das Spiel wiederholt. Dieses Mal können die Gruppen wechseln und die anderen Kinder das Lied mit Instrumenten begleiten beziehungsweise im Kreis dazu tanzen.

LIEBES SCHULKIND, SCHLÄFST DU SCHON?

RUHE - UND BEWEGUNGSSPIEL

Dazu brauchen Sie eine Glocke/ein Glöckchen

Alle Kinder setzen sich in den Stuhlkreis. Ein Kind stellt sich mit der Glocke in die Kreismitte. Die Kinder im Stuhlkreis singen mit Ihnen zu der bekannten Melodie „Bruder Jakob" den folgenden, leicht geänderten Text:

„Liebes Schulkind, liebes Schulkind,
schläfst du schon? Schläfst du schon?
Hörst du nicht die Glocken? Hörst du nicht die Glocken?
Ding, dang, dong! Ding, dang, dong!"

Nun läutet das Kind die Glocke ganz sanft und die anderen Kinder können so tun, als ob sie einschlafen würden. Dafür können sie sich ganz entspannt auf ihren Stühlen zurücklehnen und die Augen schließen. So können Sie gemeinsam eine Weile in der Stille verharren.
Nach einer Zeit kann das Kind in der Mitte wieder ganz leicht die Glocke läuten. Jetzt öffnen die Kinder wieder die Augen, recken und strecken sich auf ihrem Stuhl oder im Stehen. Wer mag, kann auch aufspringen und im Slalom zwischen den Stühlen herumlaufen, bis das Kind mit dem Läuten aufhört. Jetzt sind die Kinder erholt für eine weitere Schulstunde/den Schultag.
Das Kind in der Mitte übergibt die Glocke an ein anderes Kind, das sich dann in der nächsten Spielrunde in die Kreismitte stellt.
So geht's noch ein paarmal weiter, bevor Sie das Spiel offiziell beenden.

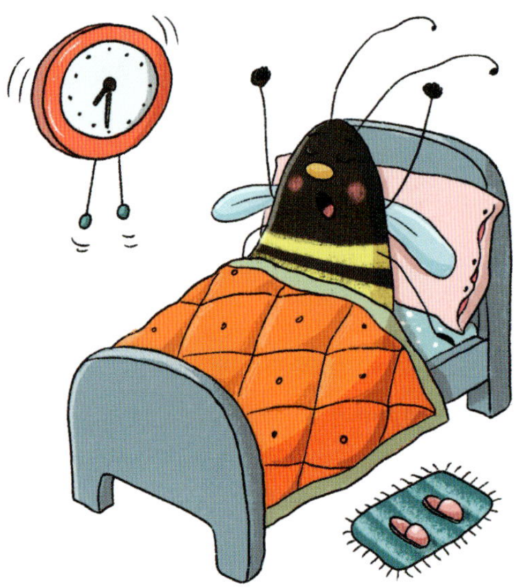

GUT GEWAPPNET FÜR DIE EINSCHULUNG

TIPPS UND ANREGUNGEN, UM DEN SCHULANFANG ZU ERLEICHTERN, DIE ERZIEHER/INNEN FÜR DIE ELTERN KOPIEREN KÖNNEN

Wenn ein Kindergartenkind in die Schule kommt, ändert sich nicht nur für das Kind, sondern auch für die ganze Familie so einiges. Das Kind gehört jetzt zu den Großen. Es muss zum Beispiel abends den Wecker stellen, damit es am nächsten Tag pünktlich in die Schule kommen kann. Zu Hause braucht es aber auch einen festen Platz und ruhige Zeiten zum Lernen. Außerdem erleichtern verschiedene Kompetenzen den Schulstart. An dieser Stelle wollen vor allem Eltern, die noch keine schulpflichtigen Kinder haben, von den Erzieher/innen wissen, was sie tun können, damit ihre Kinder möglichst fit für den Schulanfang sind.
Die folgenden Tipps und Anregungen zur Einschulung bieten sich für Eltern geradezu an. Dabei geben die nachfolgenden Listen einen Einblick, was die Eltern im Hinblick auf die bevorstehende Einschulung ihres Kindes wissen sollten. Zudem werden zu den verschiedenen Bildungsbereichen, deren Reihenfolge willkürlich gewählt wurde, jeweils fünf dazu passende Kompetenzen vorgestellt. Sie zeigen, was ein Kind vor der Einschulung können sollte und wie Eltern ihre Kinder darin zu Hause unterstützen können. Darüber hinaus werden tolle Ideen für die Füllung der Schultüte und für die bevorstehende Einschulung geboten.

SCHULANFANG: WAS SIE WISSEN SOLLTEN

Tipp 1: Vergleichen Sie Ihr Kind nicht mit anderen, sondern immer nur mit sich selbst. Ihr Kind braucht das Gefühl, dass es gut so ist, wie es ist. Es sollte keine Angst vor der Schule haben.

Tipp 2: Zeigen Sie Interesse für die Schule und fragen Sie gezielt bei Ihrem Kind nach, was es bereits über die Schule weiß.

Tipp 3: Richten Sie einen geeigneten Arbeitsplatz für die Hausaufgaben ein.

Tipp 4: Überlegen Sie innerhalb der Familie, wie sich der Tagesablauf ab dem ersten Schultag gut regeln lässt.

Tipp 5: Üben Sie mit Ihrem Kind den Schulweg und achten Sie dabei auf Gefahrenstellen. Ein kleiner Umweg kann manchmal sicherer sein.

Tipp 6: Zeigen Sie Ihrem Kind, wie man sich richtig im Straßenverkehr verhält, zum Beispiel an der Ampel, am Zebrastreifen oder an der Bushaltestelle.

Tipp 7: Nutzen Sie die Schnuppertage vor der Einschulung, damit für Ihr Kind am ersten Schultag nicht alles fremd ist.

Tipp 8: Vom Bleistift bis zum Schulranzen: Machen Sie sich eine Checkliste, damit Sie nichts vergessen.

Tipp 9: Organisieren Sie die Betreuung außerhalb der Schulzeiten bereits vor der Einschulung. Dafür gibt es in der Regel nachmittags ein zusätzliches freiwilliges Betreuungsprogramm, das vor allem für Berufstätige interessant sein dürfte.

Tipp 10: Achten Sie auf ein ausgewogenes Frühstück zu Hause sowie ein gesundes Pausenbrot und etwas Obst und Gemüse, damit Ihr Kind gut in den Tag starten und in der Schule lernen kann. Zudem brauchen Kinder genügend Flüssigkeit (stilles Wasser, verdünnte Fruchtsäfte, Tee ohne Zucker).

BEREIT FÜR DIE SCHULE: WIE SIE IHR KIND UNTERSTÜTZEN KÖNNEN

MOTORIK

Tipp 1: Üben Sie mit Ihrem Kind nach Herzenslust falten, kleben und schneiden, indem Sie es viel basteln lassen.

Tipp 2: Lassen Sie Ihr Kind voller Freude Bilder ausmalen, Perlen auffädeln, puzzeln …

Tipp 3: Lassen Sie Ihr Kind zum Spaß einfache Figuren wie zum Beispiel Kreis und Dreieck nachzeichnen.

Tipp 4: Führen Sie mit Ihrem Kind verschiedene Wurfspiele mit einem Ball oder einem Frisbee zur Förderung der Auge-Hand-Koordination durch.

Tipp 5: Lassen Sie Ihr Kind so oft wie möglich in der freien Natur klettern, balancieren und sich austoben.

KOGNITION

Tipp 1: Führen Sie Würfelspiele am Tisch oder auf dem Boden durch und üben Sie dabei auch mit Ihrem Kind, eine kleine Menge bis 6 zu erkennen.

Tipp 2: Lassen Sie Ihr Kind Spielsachen und andere Dinge, zum Beispiel beim Aufräumen, nach Farben, Formen oder Größe sortieren.

Tipp 3: Zählen Sie mit Ihrem Kind bis 10 (oder gar 20), indem Sie zum Beispiel mit ihm den Tisch decken und dabei auch Teller, Tassen, Löffel & Co. zählen.

Tipp 4: Fördern Sie die Merkfähigkeit Ihres Kindes, indem Sie ihm kleine Aufträge erteilen, zum Beispiel Jacke, Schal und Mütze holen.

Tipp 5: Fragen Sie Ihr Kind so ganz nebenbei, wo sich etwas Bestimmtes befindet, zum Beispiel auf, unter, vor, hinter oder gar neben dem Tisch.

SELBSTSTÄNDIGKEIT

Tipp 1: Lassen Sie Ihr Kind sich nach Möglichkeit allein an- und ausziehen.

Tipp 2: Üben Sie mit Ihrem Kind das Schnürsenkelbinden.

Tipp 3: Geben Sie Ihrem Kind kleine Aufgaben, zum Beispiel den Tisch decken oder Brötchen beim Bäcker um die Ecke kaufen.

Tipp 4: Lassen Sie Ihr Kind kleine Konflikte mit anderen selbstständig lösen.

Tipp 5: Loben Sie Ihr Kind, sobald es selbst aktiv wird und etwas geschafft hat.

SOZIALE KOMPETENZEN

Tipp 1: Üben Sie mit Ihrem Kind das Abwarten, bis es an der Reihe ist, indem es zum Beispiel anderen nicht ins Wort fällt.

Tipp 2: Loben Sie Ihr Kind, sobald es in bestimmten Situationen einen guten Fortschritt gemacht hat, indem es sich zum Beispiel gegenüber anderen hilfsbereit zeigt.

Tipp 3: Machen Sie mit Ihrem Kind Gesellschaftsspiele („Mensch, ärgere dich nicht", „Fang den Hut" …), damit es Spielregeln einhalten und nicht nur beim Gewinnen mit seiner Freude, sondern auch beim Verlieren mit seiner Wut und seinem Frust angemessen umzugehen lernt.

Tipp 4: Üben Sie mit Ihrem Kind, als Team zu arbeiten, indem Sie zum Beispiel gemeinsam mit ihm etwas Leckeres kochen oder backen oder leichte Gartenarbeiten verrichten.

Tipp 5: Überlegen Sie mit Ihrem Kind, wie man Konflikte friedlich löst und sich bei anderen angemessen entschuldigt.

SPRACHE

Tipp 1: Üben Sie mit Ihrem Kind das Zuhören und Aussprechenlassen.

Tipp 2: Lassen Sie Ihr Kind Fragen, zum Beispiel im Hinblick auf die bevorstehende Einschulung, beantworten.

Tipp 3: Lassen Sie Ihr Kind Begriffe erraten. Dazu eignen sich auch altbekannte Spiele wie zum Beispiel „Ich sehe was, was du nicht siehst".

Tipp 4: Lesen Sie Geschichten vor, die Ihr Kind gut nacherzählen kann.

Tipp 5: Lassen Sie Ihr Kind so oft wie möglich reimen, Wörter in Silben zerlegen sowie An- und Endlaute von Wörtern herausfinden.

WAHRNEHMUNG

Tipp 1: Lassen Sie Ihr Kind spielerisch seine Körperteile benennen und voneinander unterscheiden, indem Sie zum Beispiel auch auf seinen Fuß zeigen und es fragen, ob das sein Bein sei.

Tipp 2: Machen Sie gemeinsam mit Ihrem Kind Spiele zur Wahrnehmungsförderung, zum Beispiel „Memory", bei dem Ihr Kind sich auf die Suche nach zwei gleichen Bildern macht.

Tipp 3: Lassen Sie Gegenstände blind ertasten und die Eigenschaften beschreiben, zum Beispiel dick oder dünn, rau oder glatt.

Tipp 4: Lassen Sie Ihr Kind hin und wieder bewusst die Augen schließen, um Geräusche und Klänge wahrzunehmen und zu benennen.

Tipp 5: Üben Sie mit Ihrem Kind beim Essen oder Trinken verschiedene Geschmacksrichtungen zu identifizieren (süß, sauer, salzig, bitter).

SCHULTÜTE: 20 SCHÖNE IDEEN FÜR DIE FÜLLUNG

(Alphabetisch geordnet)

- Armbänder
- Brotdose und Trinkflasche
- Buchstabenkekse
- Buntstifte, Wachsmalstifte, Tuschkasten …
- Federmäppchen
- Freunde-Buch für Erstklässler/innen
- Gesellschaftsspiel
- Glücksbringer, zum Beispiel ein Marienkäfer aus Holz
- Gutschein, zum Beispiel für einen Buchladen
- Kuscheltier
- Lesezeichen
- Namensetiketten
- Portemonnaie
- Reflektoren und Speicherlichter
- Schlüssel mit Schlüsselbund
- Spardose
- Springseil, Gummitwist, kleiner Ball, Murmeln …
- Stundenplan
- Turnbeutel
- Wecker

EINSCHULUNG: 10 TOLLE IDEEN FÜR DEN GROSSEN TAG

Für Ihr Kind und dessen Großeltern, Patentante/-onkel, Onkel und Tanten, Cousins und Cousinen sowie enge Freunde …

- einen Tisch im Café, Restaurant oder in der Eisdiele bestellen
- das Lieblingsessen des Kindes kochen oder etwas bestellen
- eine Torte und/oder einen Kuchen backen
- ein Grillfest, bei dem alle etwas Leckeres mitbringen können, an einem öffentlichen Grillplatz oder bei Ihnen im Garten organisieren
- eine Feier mit Spielen und verschiedenen Aktivitäten wie zum Beispiel Dosenwerfen, Eierlauf und Schnitzeljagd am besten mit ein paar helfenden Händen planen
- einen Ausflug in einen Zoo, Freizeitpark, ins Kino oder in ein Spaßbad unternehmen
- einen Clown oder Zauberer, der/die auch ein Familienmitglied oder Freund/Freundin sein kann, für die Feier zu Hause engagieren. Dabei geht es nicht um eine perfekte und kostenintensive Show, sondern um den Spaß, den alle dabei haben.

DIE AUTORIN

Andrea Erkert ist Erzieherin, Entspannungspädagogin und Fachlehrerin einer Grundschulförderklasse. Sie verfügt über mehrjährige Berufserfahrung als Leiterin eines fünfgruppigen Kindergartens. Seit über 25 Jahren bietet sie praxisnahe Fortbildungen und Elternabende in Kindergärten und Schulen u. a. zu den Themen „Von klein auf fit und entspannt", „Spiel- und Lernideen für Vorschulkinder", „Teamspiele für Kinder" und „Förderung exekutiver Funktionen" im In- und Ausland an.
Mit ihrer Familie lebt sie in der Nähe von Stuttgart. Die Autorin hat bereits zahlreiche spielpädagogische Bücher veröffentlicht, von denen die meisten in mehrere Sprachen übersetzt wurden. Inzwischen gehören sie zum Standard in vielen Kinderkrippen, Kitas und Grundschulen.

Anfragen für Elternabende und Fortbildungen richten Sie bitte an:
andrea.erkert@icloud.com

Bibliografische Information der Deutschen Bibliothek
Die Deutsche Bibliothek verzeichnet diese Publikation in der Deutschen Nationalbibliografie; detaillierte bibliografische Daten sind im Internet über http://dnb.ddb.de abrufbar.

1. Auflage 2023

Texte: Andrea Erkert
Illustrationen: Olena Kvitka
Druck und Bindung: ADverts Printing House

ISBN 978-3-7806-5181-5